O suporte
para o contato

CIP-BRASIL. CATALOGAÇÃO NA PUBLICAÇÃO
SINDICATO NACIONAL DOS EDITORES DE LIVROS, RJ

P866s

Poppa, Carla Cristina
O suporte para o contato : Gestalt e infância / Carla Cristina Poppa. - São Paulo : Summus, 2018.
208 p. : il.

Inclui bibliografia
ISBN 978-85-323-1095-8

1. Psicologia. 2. Gestalt-terapia. I. Título.

18-47307   CDD: 155
                                                                   CDU: 159.92

www.summus.com.br

Compre em lugar de fotocopiar.
Cada real que você dá por um livro recompensa seus autores
e os convida a produzir mais sobre o tema;
incentiva seus editores a encomendar, traduzir e publicar
outras obras sobre o assunto;
e paga aos livreiros por estocar e levar até você livros
para a sua informação e o seu entretenimento.
Cada real que você dá pela fotocópia não autorizada de um livro
financia o crime
e ajuda a matar a produção intelectual de seu país.

O suporte para o contato

Gestalt e infância

CARLA CRISTINA POPPA

summus editorial

O SUPORTE PARA O CONTATO
Gestalt e infância
Copyright © 2018 by Carla Cristina Poppa
Direitos desta edição reservados por Summus Editorial

Editora executiva: **Soraia Bini Cury**
Assistente editorial: **Michelle Neris**
Imagem de capa: **Shutterstock**
Projeto gráfico: **Crayon Editorial**
Diagramação e capa: **Santana**
Impressão: **Sumago Gráfica Editorial**

Summus Editorial
Departamento editorial
Rua Itapicuru, 613 – 7º andar
05006-000 – São Paulo – SP
Fone: (11) 3872-3322
Fax: (11) 3872-7476
http://www.summus.com.br
e-mail: summus@summus.com.br

Atendimento ao consumidor
Summus Editorial
Fone: (11) 3865-9890

Vendas por atacado
Fone: (11) 3873-8638
Fax: (11) 3872-7476
e-mail: vendas@summus.com.br

Impresso no Brasil

Ao Davide e à Isabella.

Sumário

INTRODUÇÃO 9
Metodologia 13

1. GESTALT-TERAPIA 17
Uma visão geral 17
Pressupostos filosóficos 22
Gestalt-terapia: a terapia do contato 34

2. A CLÍNICA GESTÁLTICA COM CRIANÇAS E O CUIDADO A PARTIR DAS TRANSFORMAÇÕES NA FAMÍLIA E NA SOCIEDADE 49

3. OS CUIDADOS INERENTES À CONSTITUIÇÃO DO *SELF* DA CRIANÇA 60

4. ANÁLISE 73
Descrição das sessões típicas do processo de
    psicoterapia de Felipe 73
Análise do processo terapêutico de Felipe 91
Descrição das sessões típicas do processo de
    psicoterapia de Carol 107
Análise do processo de Carol 130
Descrição das sessões típicas do processo terapêutico da
    relação de Melissa e Beatriz 144
Análise do processo da relação de Melissa e Beatriz 171

5. DISCUSSÃO 190
   Heterossuporte: os cuidados que sustentam as
   experiências constitutivas 192

6. CONSIDERAÇÕES FINAIS 200

REFERÊNCIAS BIBLIOGRÁFICAS 204

Introdução

AO LONGO DE QUASE dez anos de trabalho clínico, venho estudando o tema cuidados no desenvolvimento[1] da criança e no processo de psicoterapia infantil. Em 2007, quando era aluna do curso de especialização em Gestalt-terapia no Instituto Sedes Sapientiae, comecei a atender crianças e decidi fazer minha monografia de conclusão de curso sobre o processo de desenvolvimento e psicoterapia de crianças. O interesse por esse tema surgiu com a dificuldade que enfrentei para construir um raciocínio clínico e realizar intervenções com segurança, tanto com as crianças quanto com seus pais.

Na monografia, estudei o livro de Oaklander (1978), publicação que serve de referência a todos os Gestalt-terapeutas que desejam atender crianças. Essa publicação oferece referências de técnicas e recursos lúdicos, bem como uma proposta de intervenção com base no método de ampliação da *awareness*. Também entrei em contato com outras reflexões interessantes, principalmente as de Ajzenberg *et al.* (1995, 1998, 2000) e as de Aguiar (2014), que tentavam relacionar os conceitos e pressupostos filosóficos da Gestalt-terapia ao processo de desenvolvimento infantil e à clínica de crianças.

---

[1]. Apesar de Perls, Goodman e Hefferline (1997), autores do principal livro da Gestalt-terapia, utilizarem a palavra crescimento, a palavra desenvolvimento também será utilizada neste livro, já que, possivelmente, expressa a ideia de um processo que leva à constante atualização do potencial da criança ao longo do tempo.

Porém, ao final do curso de especialização, a dificuldade de reproduzir essas intervenções no contato com as crianças persistia. Isso porque Oaklander (1978) ilustrava com sua prática clínica a maneira como o método de ampliação da *awareness*, sustentado por uma relação dialógica e mediado por técnicas e experimentos, poderia ser utilizado com crianças. Porém, em minha prática clínica, as crianças que eu atendia se mostravam agitadas e se distraíam com facilidade. Ou, ainda, se retraíam do contato de tal forma que pareciam precisar de cuidados anteriores que lhes permitissem constituir o autossuporte necessário para que pudessem vir a expressar suas necessidades em seus ciclos de contato e, assim, viver uma experiência, até que seu sofrimento pudesse ser comunicado com autonomia, a fim de que, em um momento posterior, pudessem vir a usufruir do método de ampliação da *awareness*.

Assim, a necessidade de continuar pesquisando e estudando esse tema persistiu e, impulsionada por ela, iniciei o mestrado alguns anos depois. Nessa época, comecei a estudar a teoria do amadurecimento de D. W. Winnicott, que me ofereceu um caminho consistente para compreender as necessidades constitutivas de um bebê e de uma criança pequena, e, sobretudo, me ensinou sobre a função dos cuidados nos primeiros anos de vida (Winnicott, 1975; 1988; 2000; 2007; 2011; Dias, 2003).

A partir desse contato, retomei meu olhar para a Gestalt-terapia e busquei estabelecer um diálogo entre as duas abordagens, a fim de construir algumas reflexões sobre cuidados com base em conceitos e pressupostos filosóficos desta. Graças a esse trabalho, foi possível identificar os cuidados que ajudam o bebê e a criança a se apropriar de suas necessidades vividas em seus ciclos de contato, constituir uma fronteira de contato permeável e desenvolver sua capacidade de realizar ajustamentos criativos. Assim, a dissertação de mestrado permitiu construir uma compreensão teórica sobre a forma como ocorre a passagem do heterossuporte para o autossuporte.

Com base nessas referências sobre cuidados, foi possível construir um questionário de anamnese que passou a ser utilizado em minha prática clínica, que pretende investigar não só os marcadores tradicionais do desenvolvimento (idade da criança quando começou a falar e a andar etc.), mas, principalmente, a qualidade dos cuidados que a criança recebeu ao longo de sua vida, o que contribui para a construção do raciocínio clínico, na medida em que oferece informações sobre a forma como as necessidades da criança encontram ou não suporte para ser expressas em seus ciclos de contato ao longo do tempo.

Além disso, as reflexões construídas na dissertação de mestrado ampliaram meu fundo teórico, que passou a nortear os processos terapêuticos que realizava com crianças. Nesse momento, percebi que passei a atender às crianças e aos seus pais de uma maneira diferente, com maior segurança. Motivada por essa sensação, comecei a registrar de maneira detalhada os processos terapêuticos de crianças que iniciaram nesse período. Em paralelo, foi preciso me desprender do suporte representado pela teoria winnicottiana para, tendo-me apropriado desse novo conhecimento, poder buscar nos conceitos da Gestalt-terapia a teoria que iria descrever o processo de constituição do autossuporte, dimensão do *self* no desenvolvimento infantil.

Nesse sentido, retomei meus estudos sobre os conceitos e pressupostos filosóficos da Gestalt-terapia, sobre o processo de desenvolvimento infantil e sobre a clínica Gestáltica de crianças. São estes, portanto, os três primeiros capítulos que trazem a fundamentação teórica da prática clínica que será apresentada neste livro. No primeiro, o conceito de contato é evidenciado, na medida em que se revela seu papel fundante na teoria da Gestalt-terapia. Conforme os conceitos da Gestalt-terapia são apresentados, ampliando a compreensão sobre o contato, foi possível descrever a concepção de saúde para a abordagem, além da concepção de adoecimento.

Em seguida, no segundo capítulo, a proposta de trabalho da Gestalt-terapia com crianças é apresentada para que seja possível localizar a contribuição dessa pesquisa: apresentar e discutir os cuidados que antecedem o manejo tradicionalmente proposto pela abordagem (o método de ampliação da *awareness*) e que sustentam a constituição do *self* da criança. Nesse capítulo também será apresentada uma discussão sobre algumas características do mundo contemporâneo, para contextualizar o pano de fundo, a partir do qual os cuidados constitutivos do *self* emergem como figura na clínica com crianças.

O terceiro capítulo apresenta o processo de desenvolvimento da criança do ponto de vista da Gestalt-terapia, com ênfase nos cuidados que sustentam a constituição do *self* em seu processo de desenvolvimento. Em seguida, os casos serão apresentados e analisados. Os processos terapêuticos que serão apresentados são os de Felipe e Carol, ambos com 5 anos de idade. Além disso, será apresentado o processo terapêutico com uma nova configuração, que neste livro foi denominada processo terapêutico de uma relação: será relatado o processo de Melissa, uma mãe de 35 anos que buscou ajuda para se relacionar com sua filha Beatriz, de 3 anos de idade. Com a análise e a discussão desses casos, foi possível apresentar de maneira sistematizada a forma como os cuidados constitutivos do *self* podem ser oferecidos na relação terapêutica, assim como descrever como eles contribuem para a construção do raciocínio clínico e para a definição do manejo terapêutico na clínica Gestáltica com crianças.

Foi igualmente possível identificar, na análise e na discussão dos casos, os cuidados que precisam ser oferecidos na relação com os pais da criança. Ficou evidente que a função do psicoterapeuta não se restringe à oferta de cuidados que retomam o processo de constituição do *self* da criança, mas inclui também a possibilidade de cuidar dos pais para que eles possam vir a sustentar o processo de desenvolvimento da criança no dia a dia da relação, prescindindo gradualmente da psicoterapia.

Este trabalho teve como motivação uma inquietação pessoal que levou à necessidade de explicitar e revelar os cuidados envolvidos no processo de constituição da subjetividade da criança, tanto no dia a dia das suas relações, em seu processo de desenvolvimento, quanto na relação terapêutica.

Ao atender a essa necessidade pessoal e comunicar os cuidados constitutivos do *self* da criança na perspectiva da Gestalt-terapia, percebo que alcancei uma maior *awareness* em minha prática clínica. Considero que a necessidade pessoal que motivou esses estudos foi atendida. Porém, desejo que essa pesquisa possa contribuir com o trabalho de outros Gestalt-terapeutas que formulam questionamentos semelhantes. Se isso for possível, acredito que minha experiência alcançará um novo sentido, certamente mais amplo e, por este motivo, mais significativo.

METODOLOGIA

Esta pesquisa configurou-se como um estudo de caso em pesquisa clínica que utiliza a abordagem da Gestalt-terapia. Os sujeitos foram três crianças, um pai e três mães, que realizaram um processo de psicoterapia.

A pesquisa clínica consiste em situações que possam favorecer a mudança. As situações terapêuticas representam momentos de coleta de material que são retomados *a posteriori* para análise (Giami, 2004). Nesse sentido, os dados foram coletados por meio de uma descrição detalhada dos acontecimentos, das conversas, da comunicação não verbal, das produções de desenhos e de outros materiais gráficos, sensações e sentimentos experimentados pelo terapeuta, pelas crianças e por seus pais durante as sessões. O registro das sessões foi realizado imediatamente após os atendimentos para que nenhum acontecimento significativo fosse esquecido.

A pesquisa se estendeu de novembro de 2013 a outubro de 2015, período que correspondeu à época em que os processos terapêuticos de Felipe e Carol e da relação de Melissa e Beatriz estavam em andamento. A escolha desses casos para a pesquisa ocorreu por conveniência, pois foram processos que começaram em um período próximo ao início dessa pesquisa. Desse modo, foi possível registrar as sessões desde a primeira entrevista com os pais até o fechamento dos processos.

O conhecimento construído no momento da coleta de dados (registro das sessões) e da análise permitiu que os sujeitos fossem beneficiados pelos efeitos das intervenções realizadas, mediante uma maior clareza que foi alcançada com a apropriação dos fatores que sustentavam o raciocínio clínico. Assim, este trabalho se caracteriza pela especificidade da pesquisa clínica e contempla o cuidado necessário para que "o momento da coleta do material possa ter valor de intervenção e trazer vantagens ao objeto" (Giami, 2004, p. 45).

Esses registros foram analisados com base no conceito de sujeito típico, proposto por Rey (2005, p. 111), capaz de "prover informações relevantes que, em determinadas ocasiões, são altamente singulares em relação ao problema estudado". De forma análoga, foram selecionadas as sessões típicas. Ao contrário do que o nome sugere, estas não são as que revelam características que se repetem ao longo do processo, mas as que trazem uma maior riqueza em relação aos fenômenos que pretendem ser investigados.

Mediante a escolha das sessões típicas, os acontecimentos mais representativos – ou que se repetiam – foram identificados e os temas revelados permitiram a construção de uma compreensão tanto do impasse e da transformação das crianças e dos seus pais quanto dos cuidados oferecidos. Por meio da análise dos casos, o mesmo exercício de atribuição de sentido foi feito. Os fenômenos que mais se destacaram e os temas recorrentes na análise foram identificados e agrupados para que pudessem ser articulados com a teoria apresentada nos três primeiros capítulos deste livro e para que a reflexão sobre os fenômenos vivenciados e analisados pudesse ser delimitada e ampliada.

Segundo Fukumitsu (2013), o método fenomenológico propõe um distanciamento da teoria no contato com os sujeitos até a construção da compreensão dos fenômenos. Sendo assim, a teoria foi deixada em segundo plano ao longo da vivência, do registro das sessões e da compreensão dos casos, e foi retomada, em um momento posterior, para que os fenômenos identificados pudessem ser relacionados à teoria já existente sobre clínica Gestáltica de crianças e, desse modo, a contribuição deste trabalho pudesse ser mais bem delimitada.

É importante destacar que foi solicitada aos pais a autorização para que as sessões com eles e as crianças fossem registradas por escrito e analisadas com a intenção de contribuir para a melhor compreensão sobre o processo de psicoterapia infantil.

Foi-lhes explicado que o sigilo dos nomes e das informações que possam identificá-los seria mantido e que tanto a descrição como a análise seriam utilizadas no trabalho de doutorado, em artigos e em apresentações em congressos, bem como outras formas de divulgação. Por esse motivo, todos os nomes apresentados nesse trabalho são fictícios. Os pais foram orientados a pensar e avaliar se a participação nesta pesquisa não lhes causaria nenhum desconforto e, caso optassem por não participar, ressaltou-se que não haveria nenhum tipo de prejuízo em relação ao atendimento que a criança receberia. Em todos os casos, os pais concordaram e receberam o termo de consentimento para ler, tirar suas dúvidas e assinar. Nesse momento, foi reiterado também que existia a possibilidade de desistirem da participação da pesquisa a qualquer momento do processo.

Na primeira sessão com as crianças que tinham mais de 3 anos de idade, após o contato inicial e as explicações sobre os atendimentos, também foi pedida a elas a permissão para o registro por escrito das sessões, a fim de ajudar nos estudos sobre os cuidados que contribuem para o desenvolvimento das crianças. Como elas concordaram em participar, o termo de consentimento foi lido e assinado.

No caso da criança com menos de 3 anos de idade que participou de um dos atendimentos descritos aqui, a autorização foi pedida apenas para a mãe.

1.
Gestalt-terapia

UMA VISÃO GERAL

A Gestalt-terapia é um modelo existencial fenomenológico que foi construído com base em diferentes influências filosóficas que Frederick Perls (1893-1970), seu fundador, recebeu ao longo da vida. Em conjunto com Laura Perls (1905-1990), Paul Goodman (1911-1972) e Ralph Hefferline (1910-1974), ele construiu uma abordagem baseada na teoria de campo, na teoria organísmica, na psicologia da Gestalt, na fenomenologia e no existencialismo dialógico, resultando em novos conceitos.

A descrição da biografia de Fritz pode ajudar a compreender como diferentes teorias e filosofias influenciaram na construção de uma nova abordagem. Perls nasceu em Berlim, em uma família judia. Seu pai era comerciante e brigava com frequência, inclusive fisicamente, com sua mãe. Com o tempo, uma vez que a família mudava de um lugar para o outro, o pai se afastou e se isolou, tanto física quanto afetivamente. Perls diz que seu pai, em casa, era um hóspede a ser servido e respeitado. Sua mãe era uma pessoa muito interessada pelas artes, em especial pelo teatro. Ele tinha duas irmãs, sendo que a mais velha morreu em um campo de concentração e a outra, com quem tinha uma relação mais próxima na infância, fugiu com o marido para a China durante a Segunda Guerra Mundial e depois conseguiu se mudar para os Estados Unidos, na época em que Perls também passou a morar lá.

A relação dos pais de Frederick era bastante conflituosa e, talvez, segundo sua própria análise, o ódio que sua mãe sentia na relação com o marido tenha influenciado nos sentimentos ambivalentes que ele nutria em relação ao progenitor. Segundo Perls, o pai era uma pessoa afetiva, mas arrogante, e por quem nutria um grande ressentimento, revelado em algumas de suas falas[2].

Na adolescência, foi expulso da escola e se tornou um adolescente rebelde e instável, até ser admitido em um colégio mais liberal, onde seu interesse pelo teatro foi incentivado, o que o ajudou a se sentir mais aceito. Após esse período, decidiu estudar Medicina. Quando completou 21 anos e estava no meio do curso, eclodiu a Primeira Guerra Mundial. Ele explica que tinha um "coração fraco" e andava curvado. Por isso, foi declarado no exame médico do exército como "inapto para a reserva" e decidiu se apresentar como voluntário da Cruz Vermelha, o que lhe permitia permanecer fora da zona de combate durante algum tempo e continuar seus estudos em Berlim. Porém, em 1916, foi para as trincheiras, onde atuou como assistente médico. Em sua autobiografia, relata as mortes que presenciou durante a guerra e comenta sua dificuldade de se dessensibilizar ou de criar algum tipo de defesa diante dessas lembranças.

Segundo Tellegen (1984), a guerra marcou a vida de Perls. Para a autora, os anos seguintes foram uma constante busca por direcionamento e enraizamento. No entanto, é possível que a necessidade de pertencimento, aceitação e reconhecimento de si no outro e no meio onde habita já não encontrasse suporte durante sua infância, adolescência e início de sua vida adulta.

Em 1920, Perls formou-se médico. Depois de algum tempo, mudou-se para Frankfurt. Em 1926, trabalhou como assistente de Kurt Goldstein, no Instituto de Soldados Portadores de Lesão

---

[2]. "Certa vez, ele fez um comentário do qual me ressenti profundamente: 'E daí? Eu bebo até morrer. Meu filho tomará conta da família.'" (Perls, 1979, p. 214)
"'Eu o perdoo [...] mas jamais esquecerei o que você fez'. Bacana, não é?" (Perls, 1979, p. 215)

Cerebral, onde conheceu Laura, que havia feito seu doutorado em Psicologia da Gestalt e com quem veio a se casar. Havia iniciado análise em Berlim e deu continuidade em Frankfurt. Após um ano, sua analista o encaminhou para Viena para que pudesse iniciar sua análise didática. Quando voltou para Berlim, em 1928, continuou sua análise com Wilhem Reich (Tellegen, 1984).

Em 1931, Perls, que estava envolvido em um movimento antinazista, precisou fugir. Àquela altura, ele e a esposa já haviam tido seu primeiro filho e precisaram se separar temporariamente. Ele foi para a Holanda e a família o encontrou mais tarde. Recebeu ajuda de Ernest Jones para se mudar para a África do Sul e se estabelecer nesse país como analista didata. Em 1935, criou o Instituto Sul-Africano de Psicanálise. Como na época ele e Laura eram os únicos psicanalistas do país, logo puderam usufruir de uma vida muito confortável financeiramente.

Em sua autobiografia, Perls (1979, p. 49) conta que nesse período se enquadrou tanto às regras do atendimento psicanalítico quanto aos "adornos de cidadão quadrado e respeitável: família, casa, criados, ganhar mais dinheiro que o necessário".

Tellegen (1984) explica que esse período também lhe trouxe, um isolamento cultural e profissional que se fez sentir com o tempo, provocando-lhe uma inquietação nomeada por ele como um ressentimento por não poder viver de acordo com o que ele acreditava ser a sua essência: a rebeldia.

Em 1936, Perls viajou à Tchecoslováquia para participar de um Congresso Internacional de Psicanálise. Lá, apresentou um trabalho intitulado "Resistências orais", que encontrou "profunda desaprovação", pois sua proposta invalidava fundamentos básicos da psicanálise. Além disso, nutria uma grande expectativa de poder conhecer Freud pessoalmente, porém, quando o encontrou, foi recebido com frieza. Perls conta que entrou na sala de Freud dizendo que havia vindo da África do Sul para dar uma palestra e vê-lo, a que este respondeu: "Bem, e quando você volta?" A resposta de Freud provocou-lhe um entorpecimento que, com o tempo, deu lugar a uma grande mágoa e ressentimento direcionados ao psicanalista.

O trabalho que Perls apresentou nesse congresso transformou-se na essência de seu primeiro livro, *Ego, fome e agressão*, que foi publicado em 1942 e tinha como subtítulo "Uma revisão da teoria e método de Freud". Perls se propôs a rever o método psicanalítico à luz da teoria organísmica, que apresentava, por sua vez, uma grande influência da psicologia da Gestalt. Após alguns anos, considerou seu conteúdo obsoleto, o que é possível verificar no prefácio que escreveu em 1969 (Tellegen, 1984).

Em 1946, após o término da Segunda Guerra Mundial, motivados pela aversão ao fascismo que parecia emergir na África do Sul, Perls e sua família decidiram imigrar para os Estados Unidos. Nos primeiros dez anos em Nova York, o casal se encontrava com frequência com artistas e intelectuais radicais e dissidentes, o que com o tempo fez que Perls se afastasse de vez da psicanálise. Entre esses intelectuais estavam Paul Goodman, anarquista e crítico literário, e Ralph Hefferline. Ambos foram coautores do segundo livro de Perls, *Gestalt Therapy*. O livro foi publicado em 1951 e, em 1952, Perls e Laura fundaram o Gestalt Institute of New York. A nova abordagem foi, então, lançada (Tellegen, 1984).

Laura e Goodman permaneceram em Nova York e exerciam a liderança intelectual dos trabalhos desenvolvidos no instituto. Devido às constantes viagens, Perls passou a visitar grupos de profissionais interessados na Gestalt-terapia, resultando na formação de núcleos que, mais tarde, deram origem aos institutos de Cleveland, Los Angeles e São Francisco.

Em 1962, Perls ficou dois meses em um mosteiro budista no Japão e um mês em um *Kibutz* em Israel. Em 1964, radicou-se na Califórnia, em Esalen, o mais conhecido centro de desenvolvimento do potencial humano. Durante cinco anos, ensinou Gestalt-terapia em programas de curta duração. O terceiro livro que publicou, *Gestalt-terapia Verbatim*, é uma transcrição das palestras e sessões terapêuticas dessa época. Foi lá também que escreveu sua autobiografia (Tellegen, 1984).

Em 1969, aos 76 anos, Perls muda novamente de país. Foi para o Canadá morar em uma comunidade Gestáltica, motivado por sua convicção de que a vida em comunidade poderia superar qualquer terapia, além da situação política dos Estados Unidos. O período da Guerra do Vietnã foi interpretado por ele como uma evidência do surgimento do fascismo norte-americano. Assim, teve início o Instituto de Gestalt do Canadá, onde Perls passou seus últimos anos. Talvez seja possível supor que sua necessidade de pertencimento e aceitação tenha motivado o caminho que percorreu ao longo da vida. Em seus últimos anos, vivendo em Esalen e no Canadá, é possível que a experiência de aceitação e pertencimento tenha sido vivida e sua necessidade, atendida.

Em uma das viagens que fez para divulgar a Gestalt-terapia, Perls foi internado em Chicago e faleceu em março de 1970 (Tellegen, 1884).

Por meio dessa biografia resumida, é possível notar as principais influências que Perls recebeu ao longo da vida, que o ajudaram a construir uma nova abordagem. É importante ressaltar que o apoio de Laura, Paul Goodman e Ralph Hefferline também foi fundamental nesse processo. Como Perls estava vivenciando o novo conhecimento ao mesmo tempo que divulgava a nova abordagem em *workshops*, ele não teve tempo para registrar suas ideias de forma sistematizada.

Porém, os autores das novas gerações, que poderiam ter sistematizado e avançado na teoria, priorizaram a reprodução da prática clínica e das vivências realizadas por Perls. Desse modo, a abordagem permanece com uma lacuna na forma como é comunicada. Apenas as pessoas que se dispõem a vivenciar a Gestalt-terapia alcançam um conhecimento – ainda assim, muito mais sensorial e intuitivo do que teórico – que permita fundamentar sua proposta de trabalho.

Este trabalho pretende contribuir também nesse sentido, ao sistematizar na parte teórica o conhecimento construído em relação aos conceitos, à clínica com crianças e aos cuidados que sustentam a constituição da subjetividade infantil. E, na apresentação e discussão dos casos, ele pretende identificar e explicitar como esses cuidados podem ser oferecidos no contexto clínico para que possam vir a ser utilizados como referência para a construção do raciocínio clínico e para a definição do manejo terapêutico na clínica Gestáltica com crianças.

Para tanto, serão apresentadas primeiramente as teorias e filosofias com as quais Perls entrou em contato ao longo da sua vida e que se tornaram os pressupostos filosóficos da abordagem, na medida em que sustentaram a construção dos conceitos da Gestalt-terapia. Em seguida, serão descritos os conceitos que foram construídos por Perls, Hefferline e Goodman (1997).

PRESSUPOSTOS FILOSÓFICOS

CONTRIBUIÇÕES DA TEORIA DE CAMPO

A teoria de campo de Kurt Lewin (1892-1942) foi uma das influências do pensamento de Perls. A ideia de campo vem de campo elétrico ou magnético e representa uma metáfora. O que acontece a algo localizado nesse campo de forças, considerado um todo dinâmico interativo, é função de suas propriedades globais. O campo como um todo também é alterado como resultado da inclusão de algo novo. A marca da teoria de campo é a possibilidade de olhar para a situação total, em vez de considerá-la item por item, de maneira fragmentada (Parlett, 1991).

Segundo Lewin (1965), a teoria de campo se caracterizaria melhor como um método que pretende identificar de que maneira o campo está configurado, utilizando uma linguagem matemática e dinâmica que revela as forças ali presentes, no momento em que um comportamento acontece. Assim, os mapas da teoria de campo retratam os seres humanos em seus contextos, ou seja, pessoas em seus relacionamentos e em comunidade. Sua essência é a possibilidade de estender a perspectiva holística em relação à pessoa, para incluir o ambiente, o mundo social, as organizações e a cultura (Parlett, 1991).

Lewin (1965) explica ainda que, para relacionar o comportamento presente com fatos do passado, é preciso conhecer o suficiente sobre a história e o desenvolvimento do campo. Nesse sentido, a história é presentificada no método sistemático de análise. Além disso, o autor esclarece que o comportamento do indivíduo não depende totalmente da situação presente. "Seu humor é profundamente afetado pelas suas esperanças e desejos e pela sua maneira de ver o passado." (Lewin, 1965, p. 86). Esse conjunto, constituído pelo sentido que o indivíduo atribui ao seu futuro e ao seu passado, é denominado pelo autor perspectiva de tempo.

As forças que impulsionam o comportamento do indivíduo são representadas por vetores que dependem sempre da relação que se estabelece entre o indivíduo e seu meio e denominadas tensão. Assim, segundo Lewin (1975), o que impulsiona o comportamento do indivíduo são as tensões promovidas pelas suas necessidades. A tensão gerada por uma necessidade tende a se igualar ao estado de seus sistemas vizinhos. O autor conclui que, quanto mais rígido for o campo, mais a tensão no indivíduo tende a se manter, e quanto mais fluido o campo, com menos resistência, mais as diferenças nos campos de tensão tendem a se igualar.

Nesse contexto, o autor formula os conceitos de barreira e fronteira. A fronteira é o que permite fluir ou reter as descargas de tensão. Lewin (1973) afirma que os indivíduos diferem em relação à nitidez e à definição das fronteiras em seu espaço psicológico, e também na tendência de evitar as fronteiras pouco nítidas. As barreiras, por sua vez, são fronteiras que oferecem resistência à locomoção psicológica e podem ter diferentes graus de solidez de acordo com o grau de resistência que oferecem.

Parlett (1991) publicou um artigo bastante conhecido na Gestalt-terapia, no qual apresenta a teoria de campo na forma de cinco princípios. O primeiro deles é o da organização, em que a propriedade das coisas é definida pelo seu contexto de utilização. O segundo princípio é o da contemporaneidade, que indica que é a constelação de influências no campo do momento presente que nos explica o comportamento atual. É importante ressaltar que o momento presente pode incluir o passado – lembrado – e o futuro – antecipado. O terceiro princípio é o da singularidade, que indica que cada pessoa em uma situação no campo é um evento único e as circunstâncias nunca são as mesmas. O quarto princípio é o da mudança de processo, que se refere ao campo em constante transformação e indica que a experiência nunca é permanente, uma vez que o campo é sempre reconstruído. Por fim, o princípio da possível relevância afirma que nenhuma parte do campo pode ser excluída ou considerada irrelevante.

Por fim, a teoria de campo influenciou a Gestalt-terapia principalmente por favorecer a construção dos conceitos de campo, de fronteira de contato e contato, que serão apresentados mais adiante neste capítulo.

CONTRIBUIÇÕES DA TEORIA ORGANÍSMICA

A teoria organísmica foi proposta por Kurt Goldstein (1878-1965) e é uma das que sustentam a epistemologia e a antropologia da Gestalt-terapia, além de ser o fundo, junto com os outros pressupostos filosóficos, a partir do qual os conceitos da abordagem foram construídos e propostos por Perls, Hefferline e Goodman (1997). Isso porque Perls acompanhou o trabalho de Kurt Goldstein no atendimento de soldados portadores de lesões cerebrais.

Goldstein (1995) era médico neurologista e, ao longo dos anos, por meio das observações que fazia do comportamento de seus pacientes, percebeu que o método das ciências naturais lhe provocava uma insatisfação crescente, principalmente por restringir seu olhar para os efeitos diretos das lesões cerebrais – por exemplo, nos casos em que a lesão afetava a área motora do cérebro, o olhar do pesquisador se restringia aos movimentos do indivíduo, sendo que o indivíduo como um todo era afetado.

Nesse sentido, o olhar integrador proposto para a relação do indivíduo com seu meio pela teoria de campo corresponde ao olhar integrador que a teoria organísmica propõe para as diferentes dimensões humanas (física, emocional, cognitiva, energética etc.).

Nesse contexto, Goldstein (1995) introduz um novo método, denominado holístico. Sua proposta leva o organismo, ou o ser humano de maneira integrada, para o primeiro plano da compreensão do que significa um funcionamento normal e as perturbações provocadas pelas lesões. No método holístico, portanto, a palavra organismo representa o olhar para o ser humano de maneira integrada.

O autor apresenta as leis gerais que influenciam a vida organísmica com base na observação do comportamento de seus pacientes.

Segundo ele, o comportamento pode ser dividido em duas classes: ordenado e desordenado, que podem ser encontradas repetidas vezes e se alternar. O comportamento ordenado proporciona respostas constantes e adequadas ao organismo e às circunstâncias, a ponto de proporcionar ao indivíduo uma sensação de bem-estar; as reações desordenadas, por sua vez, são inconstantes e incoerentes, podendo ser experimentadas pelo indivíduo como uma sensação de aprisionamento e insegurança.

É importante ressaltar também que, após uma situação ordenada, o indivíduo pode passar para outra situação sem muito desgaste ou dificuldade. Porém, após uma situação desordenada, a reação do indivíduo parece permanecer impedida por um período de tempo mais longo.

Goldstein (1995) afirma que existe uma tendência do organismo ao comportamento ordenado. Segundo ele, o restabelecimento do comportamento ordenado pode acontecer de diferentes maneiras. Em seus estudos com pacientes com lesão cerebral, identificou que a busca pelo restabelecimento do comportamento ordenado acontecia pela falha na percepção dos efeitos da lesão, pelas modificações que o indivíduo faz em seu meio, pela evitação de situações que possam levar a reações desordenadas ou, ainda, pelo desenvolvimento de comportamentos substitutos. Assim, o autor explica que o ambiente do indivíduo pode ficar muito limitado por precisar adotar essas estratégias para conservar o comportamento ordenado. "O organismo comprometido alcança o comportamento ordenado apenas por meio do encolhimento do seu ambiente de maneira proporcional ao seu comprometimento" (ibidem, p. 56).

Desse modo, a teoria organísmica propõe que, quando um evento altera o estado de equilíbrio do organismo, existe uma tendência das partes a se reorganizar do modo como o campo permite. Segundo Goldstein (1995), existem duas dimensões de restabelecimento do equilíbrio organísmico: por meio de sistemas internos de compensação fisiológica e por meio dos sistemas de contato sensoriais e motores, pelos quais o organismo busca em seu meio aquilo de que precisa para atender às suas necessidades. Além disso, em um contexto adverso, o organismo irá desenvolver mecanismos adaptativos e, nesse sentido, um sintoma é compreendido como um ajustamento que pode ser mais ou menos funcional (Tellegen,1984).

Lima (2013) amplia essa síntese ao afirmar que a tendência à autorregulação com os diferentes recursos que o indivíduo pode dispor é algo comum a qualquer ser humano, e ressalta três aspectos com os quais a teoria organísmica contribuiu para um novo olhar ao ser humano: a proposta de olhar para o homem em sua totalidade e não como a soma de suas diferentes funções; o olhar para o homem como um ser que busca se atualizar por um princípio autorregulador; e a demonstração de que o movimento autorregulador assume sempre um caráter interacional com o meio no qual o indivíduo está inserido.

CONTRIBUIÇÕES DA PSICOLOGIA DA GESTALT

A psicologia da Gestalt surgiu no início do século XX e seus principais autores são Wertheimer (1880-1943), Köler (1887-1967) e Koffka (1886-1940). Segundo os experimentos realizados por Wertheimer (1945), em que um estímulo é apresentado para o indivíduo e, após um intervalo de 60 milissegundos, outro é introduzido, essa pessoa vê o primeiro objeto movimentando-se da primeira localização para a segunda. O importante nesse experimento é a constatação de que existe um período de tempo durante o qual não há um estímulo, e o indivíduo percebe essa ausência como um movimento. Esse movimento foi denominado pelo autor fi. Nesse contexto, tanto os objetos que serviam como estímulo como a percepção da relação dos dois objetos em movimento (fi) foram definidos como Gestalt (Engelmann, 2002).

O substantivo alemão Gestalt apresenta, portanto, dois significados: "Além do sentido de forma ou feitio como atribuído às coisas, tem a significação de uma unidade concreta per se, que tem ou pode ter a forma como uma das suas características" (Köhler, 1968, p. 104). Assim, Gestalt significa também a configuração de uma situação; por representar um significado tão especifico, os autores optaram por manter a palavra em alemão.

Segundo Köler (1968), os autores da psicologia da Gestalt utilizam essa palavra com a intenção de comunicar o segundo significado do substantivo Gestalt. Isso porque a psicologia da Gestalt não se restringiu ao estudo das formas ou aos fenômenos da percepção, mas buscou compreender também os processos de aprendizagem, as emoções, o raciocínio e o comportamento.

É importante explicar que, enquanto a psicologia da Gestalt é uma linha de pesquisa que investiga as regras da percepção e os temas citados anteriormente, a Gestalt-terapia é uma abordagem psicológica que utilizou o mesmo substantivo alemão em seu nome e assimilou alguns dos princípios da psicologia da Gestalt em seu processo de construção.

Alguns princípios propostos pela psicologia da Gestalt eram considerados muito importantes por Perls (1979) e passaram a representar uma influência significativa na construção de diversos conceitos da Gestalt-terapia, entre eles a diferenciação da Gestalt entre figura e fundo e o que o autor denomina dinâmica da Gestalt, movimento que ela realiza no sentido de um fechamento. O aspecto dinâmico da Gestalt descrito por Perls (1979) corresponde ao princípio da pregnância de Wertheimer (1945), que determina que, quando enxergamos três pontos, segundo a figura abaixo, a tendência natural de nossa percepção é identificar um triângulo, ou seja, existe um movimento em busca de um fechamento.

Figura 1 – Ilustração do princípio da pregnância.

O princípio da pregnância, para Perls (1979), indica que, quando uma necessidade não é atendida, ela permanece presente na relação do indivíduo com as outras pessoas e é compreendida como uma Gestalt incompleta ou uma situação inacabada, até que a necessidade original possa ser identificada e atendida e que a Gestalt se feche. "Nós experienciamos essa dinâmica diariamente, muitas vezes. O melhor nome para a Gestalt incompleta é situação inacabada" (*ibidem*, p. 67).

Além do aspecto dinâmico, o princípio da pregnância revela também, assim como na teoria de campo e na organísmica, o olhar holístico para a experiência do indivíduo. A experiência de uma Gestalt que emerge e busca fechamento no campo é sustentada de maneira integrada pelos seus pensamentos, pelas suas emoções e pelas suas ações. Os aspectos dinâmico e holístico também regem o princípio de figura e fundo. A figura depende do fundo sobre o qual ela se destaca. O fundo é a estrutura e serve como uma moldura que enquadra a figura e, assim, determina sua forma (Koffka, 1975).

> Em todo caso, um significado se cria relacionando-se uma figura, o primeiro plano, com o fundo no qual aparece [...] Não há comunicação clara possível sem compreender a relação figura/fundo. (Perls, 1979, p. 67)

O princípio de figura e fundo também revela seu aspecto dinâmico, na medida em que a figura, que se destaca do fundo, pode se alternar em diferentes circunstâncias e de acordo com aspectos subjetivos. Além disso, "a figura tem a maior densidade de energia" (Koffka, 1975, p. 204). Assim, como a figura concentra mais energia em relação ao fundo, o indivíduo irá se interessar e se lembrar da figura e não do fundo.

CONTRIBUIÇÕES DA FENOMENOLOGIA

Segundo Rehfeld (2013, p. 25), na metade do século XIX houve uma crise das ciências europeias, "resultante da falta de prática, por parte dos cientistas, de colocar verdadeiramente em questão os objetos dos seus estudos, sua metodologia e a ideia de rigor".

Nesse contexto, a obra de Husserl (1859-1938) revolucionou o pensamento das ciências humanas ao demonstrar que não era possível pensar em um método único a todas as ciências, já que cada uma apresentava suas especificidades em função de seu objeto de estudo. A influência maior dessas ideias é a nova compreensão que o autor propõe ao afirmar que não é possível desenvolver as ciências humanas com os mesmos parâmetros e rigor das ciências naturais (Rehfeld, 2013).

O psicólogo não pode se relacionar com o mundo e com seus clientes subordinado às leis generalizantes[3]; é preciso uma mudança de atitude, o que Husserl denomina *epoqué* ou redução fenomenológica. Para tanto, o profissional precisa colocar entre parênteses a realidade e o senso comum para captar a essência ou o sentido das coisas e apreender os fenômenos (Rehfeld, 2013). Segundo Merleau-Ponty (1996, p. 1), a fenomenologia é o estudo das essências e, nesse sentido, a compreensão dos problemas implica a definição destas. Alcançar a essência é "a tentativa de uma descrição direta da nossa experiência tal como ela é".

A fenomenologia, principalmente na maneira como é utilizada pela Gestalt-terapia, corresponde a uma prática, um método fenomenológico, um movimento que se realiza antes mesmo de se alcançar sua compreensão. O método fenomenológico pretende descrever, e não explicar ou analisar, o que corresponde ao que Husserl chamava de retornar às coisas mesmas (Merleau-Ponty 1996).

Desse modo, Husserl se contrapõe às ciências positivistas que consideram os objetos independentes do observador. A fenomenologia, ao contrário, propõe que não existe objeto, ou mundo, sem um sujeito, assim como não existe um eu sem o mundo. Desse ponto de vista, um polo é constitutivo do outro e nessa dinâmica dialética entre sujeito e objeto é que o ser constitui seu sentido (Rehfeld, 2013). A relação é, portanto, sempre contraditória e intencional, reveladora de um sentido no contato com o outro. O eu e o outro se afirmam e se negam mutuamente, e é nesse processo de contradição que o sentido e o ser se constituem continuamente.

Assim, por meio da redução fenomenológica e da descrição da experiência, é possível identificar a dinâmica entre as diferentes

---

3. As leis generalizantes resultantes do pensamento positivista promoveram a crise das ciências europeias citadas anteriormente, uma vez que se descobriu que nas ciências humanas é inviável a produção de conhecimento que corresponda a uma verdade única e universal (Rehfeld, 2013).

intencionalidades do eu e do outro. Desse modo, ao identificar a constante interação e contradição da experiência do terapeuta e do cliente, torna-se possível compreender o sentido da maneira única e singular de o cliente se relacionar com o mundo.

CONTRIBUIÇÕES DO EXISTENCIALISMO DIALÓGICO

Martin Buber (1878-1965) apresenta a alteridade por meio das palavras-princípio Eu-Tu e Eu-Isso. Com sua filosofia, ele descreve e ressalta a característica constitutiva da presença do outro. O autor apresenta a palavra como dialógica, na medida em que é portadora do ser. "É através dela que o homem se introduz na existência" (Zuben, 2006, p. 28). A intencionalidade que anima a palavra promove um movimento entre dois polos, entre duas possibilidades de existência. Cada atitude do homem é atualizada por uma palavra-princípio, Eu-Tu ou Eu-Isso, o que não significa que existam "Eus" distintos, mas, sim, uma possibilidade dupla de existir como homem.

Há, portanto, duas maneiras de se relacionar. A relação Eu-Tu propicia a experiência do encontro dialógico. No momento do encontro existe uma atualização do Eu orientada pelo Tu. O Eu, por aceitar a presença do Tu, presentifica o outro nesse evento, ou seja, o Tu é também reconhecido como sujeito ou pessoa (Zuben, 2006).

> A relação com o Tu é imediata. Entre o Eu e o Tu não se interpõe nenhum jogo de conceitos, nenhum esquema, nenhuma fantasia; e a própria memória se transforma no momento em que passa dos detalhes à totalidade. Entre Eu e Tu não há fim algum, nenhuma avidez ou antecipação; e a própria aspiração se transforma no momento em que passa do sonho à realidade. Todo meio é obstáculo. Somente na medida em que todos os meios são abolidos, acontece o encontro. (Buber, 2006, p. 57)

A relação Eu-Tu implica, portanto, um encontro de duas subjetividades, no qual o propósito da relação é o próprio encontro.

Quando o encontro dialógico acontece, por meio do contato com a alteridade, uma transformação acontece no Eu. O encontro sempre provoca contato com o novo, o crescimento e a transformação. O encontro Eu-Tu é breve. O outro, que no momento do encontro é contemplado, logo volta a ser visto como um conjunto de qualidades, retornando à sua condição de objeto entre outros objetos, por mais exclusiva que tenha sido sua presença (Buber, 2006).

Em contraste, segundo Hycner (1995), a postura Eu-Isso acontece quando a outra pessoa é percebida como um objeto, como um meio para um fim específico. A alternância entre as duas posturas é necessária à vida humana, uma vez que o homem ambiciona atingir certos propósitos. Além disso, o Tu, em um momento posterior ao encontro, também está condenado a se transformar em Isso. No entanto, segundo Zuben (2006), quando a pessoa se relaciona exclusivamente a partir da postura Eu-Isso, esse aprisionamento passa a representar a destruição do si mesmo. "O homem não pode viver sem o Isso, mas aquele que vive somente com o Isso não é homem" (Buber, 2006, p. 72).

Hycner (1995), Hycner e Jacobs (1997) e Yontef (1998) consideram a Gestalt-terapia uma abordagem dialógica e utilizam a filosofia de Martin Buber para enfatizar a possibilidade do encontro como caminho de crescimento e transformação, ponderando que existe certa abertura por parte do cliente. Nesse sentido, todo contato precisa ser compreendido no contexto do diálogo. "O princípio básico da Gestalt-terapia de orientação dialógica é que a abordagem, o processo e o objetivo da psicoterapia são dialógicos no enfoque global" (Hycner e Jacobs, 1997, p. 30).

Esses autores enfatizam que a presença é um passo preliminar para o estabelecimento do contato genuíno. É a possibilidade de renunciar às preocupações e colocar como único objetivo a existência na relação (Hycner e Jacobs, 1997).

A inclusão também é essencial em uma relação dialógica. No contexto da psicoterapia, para praticar a inclusão o terapeuta deve tentar experienciar, mesmo que por alguns instantes, o que o cliente está vivendo, havendo uma experiência de ausência de *self* por alguns momentos. "Ainda assim, e ao mesmo tempo, o terapeuta também precisa manter seu próprio centramento" (Hycner e Jacobs, 1997, p. 42).

Por último, é necessária a confirmação, que consiste em um espelhamento, uma fala que aponta para o indivíduo quem ele é. O psicoterapeuta confirma seu paciente quando nomeia suas expressões singulares. A confirmação é fundamental, pois o ser humano só pode se apropriar de si mesmo, de suas sensações, bem como das suas habilidades e características, quando eles são nomeados, apontados e reconhecidos por outra pessoa.

O indivíduo que é confirmado em seu próprio ser estará capacitado a se centrar em sua existência. É importante ressaltar que a confirmação não acontece em uma única experiência, mas é resultado de acontecimentos que se desenrolam ao longo de sua vida (Hycner e Jacobs, 1997).

Assim, os momentos de encontro Eu-Tu não podem ser controlados, mas podem ser favorecidos quando se assumem essas posturas (inclusão, presença e confirmação) na relação. É importante destacar que os momentos de encontro Eu-Tu revelam um interesse genuíno na alteridade da pessoa com quem se está relacionando. Portanto, é uma experiência que implica o reconhecimento da singularidade e da separação do outro em relação a si, sem que se esqueça da humanidade que é comum no *entre*. Nesse contexto, o *entre* ou o *inter-humano* é o lugar do encontro Eu-Tu (Hycner, 1995).

Desse modo, é importante explicitar que a inclusão, a presença e a confirmação parecem representar posturas, que favorecem o momento de encontro Eu-Tu, considerando que a subjetividade das pessoas envolvidas na relação esteja constituída de forma que lhes seja possível reconhecer a alteridade um do outro.

Hycner (1995), bem como outros autores contemporâneos da Gestalt-terapia, como Lee (2011) e Spagnuolo Lobb (2013), chama um encontro com essa qualidade, no qual o outro se apresenta como Tu para que o Eu possa se constituir, de *experiência intersubjetiva*, enquanto Tervo (2011) se refere a essa dimensão do encontro como *experiência cocriada*. Porém, essas denominações talvez não sejam as mais adequadas, já que as experiências que acontecem no inter-humano incluem duas subjetividades e, portanto, são também intersubjetivas e cocriadas, além de que as experiências que precisam ser sustentadas pelo outro para que o Eu seja constituído envolvem uma subjetividade. Sendo assim, talvez seja mais adequado denominar o diálogo que favorece o encontro e possibilita a constituição do Eu *experiência constitutiva*.

Após essa discussão, é possível retomar a apresentação da abordagem. Os pressupostos filosóficos que foram apresentados formam o pano de fundo a partir do qual Perls, Goodman e Hefferline (1997) construíram a teoria da Gestalt-terapia. Segundo os autores, "o contato é que é a realidade mais simples e primeira" (*ibidem*, p. 41).

Desse modo, os conceitos da Gestalt-terapia serão apresentados a seguir, de tal forma que poderiam ser representados por uma espiral, na qual o contato se encontra no centro e os demais conceitos são dimensões possíveis que permitem compreender o fenômeno da experiência humana. Assim, conforme os outros conceitos são apresentados, eles ampliam o olhar e buscam abranger a complexidade do contato.

GESTALT-TERAPIA: A TERAPIA DO CONTATO

O processo do contato foi proposto inicialmente por Perls, Hefferline e Goodman (1997). No livro *Gestalt-terapia*, os autores explicam que ele transcorre ao longo de quatro fases: pré-contato, contato, contato final e pós-contato. Em cada uma delas se reconfigura a experiência do organismo no campo. O pré-contato está relacionado ao momento no qual o excitamento surge no organismo. Na fase seguinte, a energia do organismo se expande em direção à fronteira de contato com o ambiente, na busca por um objeto ou por possibilidades de satisfazer sua necessidade. Ainda no contato, o organismo manipula o ambiente, escolhendo certas possibilidades e rejeitando outras. No contato final, o organismo e um elemento do campo se envolvem no ato do contato, na fronteira de contato. Nessa fase, existe uma troca nutritiva com o meio, que irá, na medida em que é assimilada, contribuir para o processo de crescimento do organismo. De modo dialético, o organismo irá imprimir sua marca no elemento do campo que está contatando. Finalmente, no pós-contato, a energia do organismo diminui para que seja possível assimilar o novo e integrá-lo.

Segundo Form e Miller (*apud* Perls, Hefferline e Goodman, 1997, p. 23), o lugar da experiência é o contato, e é em direção a ele que a teoria e a prática do psicoterapeuta precisam se orientar: "O local primordial da experiência psicológica, para onde teoria e prática psicoterapêuticas têm que dirigir sua atenção, é o próprio contato, o lugar onde self e ambiente organizam seu encontro e se envolvem mutuamente".

Nesse sentido, possivelmente com a intenção de ampliar a compreensão teórica sobre esse processo, Zinker (2007) criou a figura do ciclo do contato. Talvez, como a ilustração possibilitou a ampliação da compreensão desse conceito e do fenômeno da experiência, ela tenha se tornado bastante conhecida na abordagem, a ponto de grande parte dos Gestalt-terapeutas utilizar essa denominação em vez da proposta originalmente por Perls, Hefferline e Goodman (1997). Por esse motivo, a denominação que será utilizada ao longo do trabalho, a partir desse momento, será a mesma proposta pelo autor: o ciclo de contato.

Figura 2 – Ciclo de contato (Zinker, 2007, p. 115).

No ciclo de contato, Zinker (2007) descreve os diferentes movimentos envolvidos em uma experiência. Para tanto, utiliza uma linguagem descritiva e de fácil compreensão para as pessoas que não estão familiarizadas com as ideias da Gestalt-terapia. O autor explica que o ciclo do contato é psicofisiológico, desenrolando-se com o surgimento de uma necessidade no organismo e transcorrendo no sentido da satisfação dessa necessidade. A partir desse conjunto de sensações, a pessoa se torna *aware* do que está vivenciando no corpo e identifica a necessidade. Após essa *awareness*, o corpo mobiliza sua energia para agir e entrar em contato com o objeto ou com a pessoa que poderá atender à necessidade identificada. O contato corresponde à assimilação dos aspectos nutritivos até que a necessidade seja atendida e o corpo possa entrar em um estado de retração e alcançar o repouso.

Assim, é possível identificar que o ciclo de contato corresponde a um processo de autorregulação organísmica, ou, ainda, ao surgimento de uma figura nítida em determinado fundo, sendo, desse modo, possível identificar a influência da teoria organísmica de Goldstein (1995), apresentada anteriormente. Segundo o autor, existe uma tendência do organismo ao comportamento ordenado. Nesse contexto, é possível pensar que a necessidade vivenciada no corpo o conduz a um estado de desequilíbrio e que existe uma tendência natural do organismo a restabelecer o equilíbrio ou alcançar a retração no ciclo de contato. Ainda é possível identificar a influência da psicologia da Gestalt no ciclo de contato. De modo semelhante, seguindo as ideias de Koffka (1975) sobre a dinâmica figura e fundo, o surgimento de uma necessidade no organismo corresponde ao surgimento de uma figura nítida no campo de percepção da pessoa e, conforme a necessidade é atendida, a figura é destruída para que uma nova possa emergir.

O momento do contato acontece por meio das chamadas funções de contato, que são os sentidos humanos, como visão, audição, tato e paladar (Polster, 2001). Envolve também a possibilidade de a pessoa escolher certas possibilidades e rejeitar outras para que, finalmente, possa estabelecer contato com um elemento do meio.

Desse modo, o contato corresponde à discriminação e à assimilação do vivido. Para tanto, Perls (2002) explica que o indivíduo é impulsionado por sua agressividade. A discriminação entre os aspectos nutritivos e os aspectos tóxicos implica a destruição do elemento que foi assimilado no contato. É a partir da discriminação, portanto, que a pessoa assume uma postura ativa no momento do contato para assimilar os elementos nutritivos e rejeitar o que pode ser tóxico.

De acordo com Perls (1979), na saúde, as necessidades do organismo são organizadas a partir de uma hierarquia. Dessa forma, existe sempre aquela que mobiliza com mais intensidade a atenção e a energia do indivíduo. Nesse sentido, o ritmo do processo de contato precisa respeitar a identificação e a satisfação de uma necessidade por vez. O contato acontece, portanto, sempre com a necessidade prioritária. Quando ela é atendida, uma nova pode surgir.

O processo do contato acontece na fronteira de contato, "onde a experiência tem lugar, não separa o organismo e seu ambiente; em vez disso limita o organismo, o contém e protege, ao mesmo tempo que contata o ambiente" (Perls, Hefferline e Goodman, 1997, p. 43). É representada pela pele, onde o meio é vivenciado pelo tato, e pelos outros órgãos que também se relacionam com o meio e, desse modo, promovem uma resposta sensorial. Nesse sentido, a fronteira de contato é o lugar da experiência.

A experiência se dá na fronteira entre o organismo e seu ambiente, primordialmente a superfície da pele e dos outros órgãos de resposta sensorial e motora. A experiência é função dessa fronteira, e psicologicamente o que é real são as configurações "inteiras" desse funcionar, com a obtenção de algum resultado e a conclusão de alguma ação. (Perls, Hefferline e Goodman, 1997, p. 41)

Além de ser o lugar da experiência, a fronteira de contato também proporciona um contorno ao organismo, o delimita e o protege, possivelmente, para que as experiências das pessoas que fazem parte do meio não invadam o organismo de maneira indiscriminada.

Esse aparente paradoxo pode ser vivenciado de maneira saudável quando a fronteira for permeável suficiente para permitir o contato com o meio de um modo nutritivo e, ainda assim, preservar algum espaço psicológico para que o indivíduo não seja invadido nem se submeta às necessidades do mundo externo (Polster, 2001).

Salomão, Frazão e Fukumitsu (2014) explicam que, além de permeável, a fronteira de contato, na saúde, também apresenta uma plasticidade, que se refere à sua possibilidade de se expandir e se retrair. Em situações de segurança, ela tende a se expandir para contatar o novo, ao passo que, em situações de ameaça, ela se retrai para que a pessoa possa ser preservada.

A fronteira de contato é o local onde o organismo e as possibilidades do ambiente se encontram e favorecem o processo de crescimento e transformação do indivíduo. No entanto, também é na fronteira de contato que as obstruções se manifestam, dificultando a qualidade do contato e, como consequência, o processo de desenvolvimento do indivíduo (Cardella, 2002).

O conceito de fronteira de contato foi influenciado pela teoria de campo de Kurt Lewin (1892-1942), que propõe, conforme apresentado anteriormente, os conceitos de barreira e fronteira. A diferenciação entre a fronteira e a barreira, segundo a proposta de Lewin (1965), é semelhante à concepção de plasticidade e permeabilidade da fronteira de contato. A teoria de campo também influencia o conceito de campo organismo/ambiente. Tellegen (1984, p. 43) explica que em toda a obra de Perls percebe-se a intenção de clarificar as relações entre indivíduo e sociedade e de articular os níveis biológico, psicológico e sociocultural: "A sua intenção é, sem dúvida, a de integrar estas dimensões mediante os conceitos de campo e fronteira de contato".

Segundo Perls, Hefferline e Goodman (1997, p. 42), não é possível investigar e compreender uma experiência sem levar em consideração a interação entre o organismo e o ambiente. Para que a raiva, por exemplo, se destaque como uma necessidade no processo de contato, é preciso que um objeto frustrante do ambiente se apresente: "Não há uma única função de animal algum que se complete sem objetos e ambiente, quer pense em funções vegetativas como alimentação e sexualidade, quer em funções perceptivas, motoras, sentimentos ou raciocínio".

Desse modo, entende-se o comportamento de uma pessoa como uma função do campo no qual ela está inserida e, para que se possa compreendê-la, é fundamental que o olhar seja lançado para a situação total (Yontef, 1998).

É importante ressaltar, também, o aspecto dinâmico do campo, onde há interação entre todas as partes, o que significa que uma alteração em uma delas irá ressoar no todo (Yontef, 1998). Ou seja, o olhar para o campo contempla a possibilidade de um acontecimento do meio, que esteja dentro do campo do indivíduo, mesmo que não seja direcionado a ele, poder também afetar sua experiência. Por exemplo, um conflito entre os pais ou entre a mãe e a avó pode, mesmo que não seja presenciado pela criança, influenciar sua experiência, uma vez que essas relações são parte de seu campo.

Segundo Perls, Hefferline e Goodman (1997), o indivíduo é capaz de estabelecer contatos que integram duas polaridades: a necessidade de adequação ao meio e a vivência da criatividade individual. Essa integração corresponde à sua possibilidade de se ajustar às novidades do meio, imprimindo sua maneira de ser no mundo, o que favorece o desenvolvimento pela assimilação dos aspectos nutritivos das experiências (Tellegen, 1984), e, de modo dialético, a transformação do meio, que é marcado pela singularidade do indivíduo.

É nesse processo de integração entre a adaptação às imposições do meio e o reconhecimento e satisfação das próprias necessidades que, segundo Cardella (2014), a pessoa pode recriar a realidade, imprimindo sua marca nos acontecimentos do dia a dia ao mesmo tempo que se apropria do que foi vivido, permitindo que seu potencial possa ser atualizado e presentificado nas relações que estabelece. "Ajustamento criativo é, então, a capacidade de pessoalizar, subjetivar e se apropriar das experiências que acontecem no encontro com a alteridade, processo continuo no campo organismo/meio" (Cardella, 2014, p. 114).

Assim, por meio de sucessivos ajustamentos criativos, estes são assimilados pelo indivíduo. Conforme esses processos se repetem, o *self* se configura em regiões subjetivas.

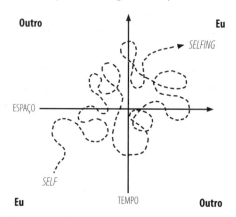

Figura 3 – *Self* e as regiões subjetivas (Távora, 2014).

Segundo Távora (2007, p. 193), o conceito de *self* é utilizado em referência ao si mesmo: "Em Gestalt-terapia, refere-se ao cerne da concepção fenomenológica da constituição da subjetividade".

Sendo assim, o *self* é um sistema de contatos, o lugar que integra as sensações, as funções motoras e as necessidades orgânicas. Diz respeito ao que acontece na fronteira de contato e, desse modo, pertence tanto ao ambiente quanto ao indivíduo. "Assim, em situações de contato, o *self* é a força que forma a Gestalt no campo; ou melhor, o *self* é o processo figura/fundo em situações de contato" (Perls, Goodman, Hefferline, 1997, p. 180).

Perls, Goodman e Hefferline (1997) descrevem as funções id, ego e personalidade como funções do *self*. O id engloba as necessidades vitais, as situações inacabadas, os aspectos do ambiente que são percebidos de maneira vaga e os sentimentos incipientes que conectam o ambiente e o organismo. O ego restringe de maneira consciente interesses, percepções e movimentos para concentrar a atenção em uma unidade por vez, enquanto a personalidade diz respeito ao sistema de atitudes que o indivíduo adota em suas relações interpessoais.

No entanto, essa construção teórica, embora coerente dentro do contexto no qual foi elaborada, vem sendo pouco utilizada pelos Gestalt-terapeutas de modo geral, talvez, conforme sugere Robine (2006), pela dificuldade de conciliar uma metapsicologia representada por meio de estruturas psíquicas com o aspecto mais relevante desse conceito: sua dimensão temporal e, portanto, dinâmica.

Robine (2006, p. 13) ainda explica que a proposta inovadora de Perls e Goodman pode ser formulada de maneira simples: "O *self* é contato". No entanto, essa aparente simplicidade introduz de maneira implícita a temporalidade ao conceito. A experiência do contato, conforme vimos anteriormente, foi descrita por Perls, Hefferline e Goodman (1997) como "um processo e o desdobramento da experiência de contato permite considerar como, segundo o momento do contato, o self pode ser localizado predominantemente no organismo, ambiente e/ou organismo/ambiente" (Robine, 2006, p. 15).

Portanto, o *self* é considerado a energia que impulsiona e orienta a expressão das necessidades nos ciclos de contato. Para tanto, ele representa o ciclo de contato vivido no aqui e agora, e inclui também as regiões subjetivas ou as experiências assimiladas ao longo do tempo. Sendo assim, emerge no momento do contato, impulsiona e sustenta o processo, ao mesmo tempo que oferece um sentido de continuidade para as experiências que são assimiladas. Ainda, segundo Távora (2007, 2014), as experiências assimiladas nas regiões subjetivas podem ser atualizadas a cada novo processo de contato.

Além disso, o processo de desenvolvimento se inicia a partir de uma capacidade relacional menos diferenciada em direção ao contato com o outro. Assim, podemos considerar que o processo de constituição do *self*, ou a possibilidade de realizar sucessivos contatos, implica a diferenciação do campo e, para tanto, a possibilidade de sustentar os próprios ciclos de contato (Távora 2014).

Nesse momento, o conceito de suporte, que se refere aos recursos que a pessoa tem à disposição para sustentar a expressão de suas necessidades em seus ciclos de contato, pode contribuir para a reflexão do significado do processo de constituição do *self*. "O contato se passa na fronteira eu/não eu; o suporte é tudo que se tem à disposição para esse contato ser pleno e gratificante" (Tellegen, 1984, p. 86).

O conceito de suporte engloba o autossuporte, que consiste nos recursos assimilados pelo indivíduo, e o suporte ambiental, ou heterossuporte, que representa os recursos que o meio oferece ao indivíduo no processo de identificação e satisfação de necessidades. Perls (1977) afirma que o processo de amadurecimento é aquele no qual ocorre a passagem do heterossuporte para a constituição do autossuporte. Assim, considerando que *self* é contato, é possível afirmar que, em um primeiro momento, o *self* da criança surge sustentado no apoio ambiental e, aos poucos, pode emergir de forma predominante pelo autossuporte. No entanto, é importante ressaltar que o *self* inclui também outras dimensões, tais como a fronteira de contato e a capacidade de realizar ajustamentos criativos.

No entanto, segundo Wheeler (2002), os autores da Gestalt-terapia ainda não aprofundaram a descrição do processo que conduz à passagem do apoio ambiental para a constituição do autossuporte. Por esse motivo, talvez, os Gestalt-terapeutas ainda encontrem dificuldades para identificar e justificar suas intervenções em algumas ocasiões. É nessa lacuna que este trabalho pretende contribuir, oferecendo referências sobre os cuidados que podem representar o heterossuporte, que sustenta o processo de constituição do autossuporte, e também do *self*. Desse modo, com suporte para o contato, o *self* é constituído, as experiências podem ser assimiladas com uma autonomia crescente e o processo de desenvolvimento pode ser constantemente atualizado.

Assim, uma vez que a pessoa encontra suporte para sustentar suas experiências em seus ciclos de contato, ou o processo de identificação e satisfação de suas necessidades, é possível que ela se torne *aware* de suas experiências. Yontef (1998, p. 215) define *awareness* como "o processo de estar em contato vigilante com o evento mais importante do campo organismo/meio, com apoio sensoriomotor, emocional, cognitivo e energético". Ou seja, a *awareness* das experiências acontece a partir da constituição do autossuporte sensoriomotor, emocional, cognitivo e energético, os quais permitem que a pessoa possa percorrer os diferentes movimentos de seus ciclos de contato, diante do surgimento de uma necessidade, com autonomia para viver uma experiência e se apropriar do que foi vivido.

É importante explicar que o conceito *awareness* não é traduzido para o português, pois acredita-se que não exista uma palavra que traduza precisamente a ideia de consciência ampliada e integrada da experiência que a palavra em inglês imprime. Segundo Cardella (2002), algumas palavras se aproximam, como "presentificação", "conscientização" e "concentração", mas não conseguem descrever o termo com exatidão.

Segundo Wheeler (1998), na saúde, a experiência de continuidade do *self* favorece a construção de uma narrativa integrada e coerente do si mesmo. Essa constatação nos leva a pensar que a cada necessidade atendida nos ciclos de contato existe a possibilidade de se tornar *aware* da experiência vivida e, desse modo, comunicar o sentido da experiência e construir uma narrativa.

A narrativa corresponde, portanto, à apropriação do sentido das experiências vividas no ritmo dos ciclos de contato e à possibilidade de comunicá-las e, desse modo, compartilhá-las, preservando a permeabilidade e plasticidade da fronteira de contato ou a possibilidade de viver as experiências na companhia do outro.

A possibilidade de construir uma narrativa coerente de si mesmo ou um sentido para o que aconteceu ao longo de sua vida, sejam experiências que provocaram sofrimento ou alegria, é o que, segundo Siegel (2011)[4], pode ser considerado o melhor preditor sobre a capacidade de um pai ou de uma mãe oferecer um apego seguro ou desenvolver relações de segurança com seus filhos. Ou seja, "não é o que aconteceu com você que irá determinar o que você faz, mas é o sentido que você dá para aquilo que aconteceu com você" (*ibidem*, p. 80). Assim, a capacidade não só de cuidar, mas também de construir relações de confiança, está relacionada com a possibilidade de viver as experiências nos ciclos de contato e de se apropriar e dar sentido a essas experiências.

Desse modo, alcançar a *awareness* do processo de autorregulação organísmica implica ser capaz de perceber os diferentes

---

4. É importante explicar que Daniel Siegel é um dos autores de maior destaque na área das neurociências e o processo de desenvolvimento das crianças constitui uma de suas áreas de pesquisa. Ele participou de uma conferência sobre a natureza relacional do cérebro e o desenvolvimento da criança, que aconteceu em Esalen e foi organizada por Gestalt-terapeutas ligados ao Instituto de Cleveland, nos Estados Unidos. Foi nessa conferência, com Gestalt-terapeutas na plateia, que ele apresentou suas ideias a respeito da função da narrativa coerente no desenvolvimento de um apego seguro na relação pais-filhos.

movimentos realizados nos ciclos de contato diante do surgimento de uma necessidade e, desse modo, se apropriar do sentido das experiências vividas e comunicá-las.

A figura a seguir pretende ilustrar como os diferentes conceitos apresentados até agora se configuram acerca do contato, ampliando a compreensão desse fenômeno, na medida em que introduzem novos olhares que ampliam a compreensão da experiência.

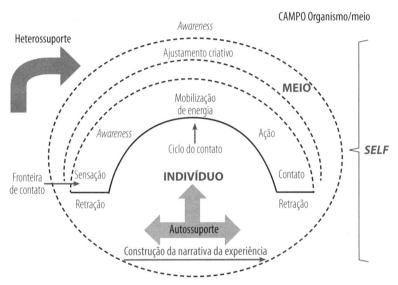

Figura 4 – Um olhar ampliado para o processo de contato.

A ampliação da *awareness*, tradicionalmente, é considerada o objetivo e o método da Gestalt-terapia. Para tanto, Perls, Hefferline e Goodman (1997) propõem, na primeira parte do livro *Gestalt-terapia*, exercícios que pretendem ampliar a *awareness*, com intervenções nos sistemas sensorial e motor, nos quais esta se apoia (Cardella, 2002).

A partir dessa compressão, o método da ampliação da *awareness* propõe que se realizem intervenções que ampliem o contato com as necessidades do indivíduo que estavam reprimidas ou com o momento em que a obstrução no processo ocorre, e como isso acontece. Essas intervenções são coerentes com a definição que Perls, Goodman e Hefferline (1997) apresentam sobre a neurose. Segundo os autores, "os comportamentos neuróticos são ajustamentos criativos de um campo onde há repressão" (ibidem, p. 248). Porém, considerando a definição de psicologia de Perls, Goodman e Hefferline (1997, p. 45) como "o estudo dos ajustamentos criativos", e da psicologia anormal ou de adoecimento como "a interrupção, inibição ou outros acidentes no decorrer do ajustamento criativo", parece que há espaço na abordagem para que se entenda o adoecimento tanto como um movimento de inibição decorrente de um campo repressor quanto como um movimento de interrupção decorrente da ausência ou da precariedade do suporte. Esse olhar para a interrupção no contato é ampliado por Perls (1975, p. 24) quando ele explica que, na Gestalt-terapia, a maturidade é alcançada quando se diminui o apoio ambiental e se desenvolve o potencial do indivíduo.

> Com a maturação, o paciente é cada vez mais capaz de mobilizar espontaneamente seus próprios recursos, de forma a poder lidar com o meio ambiente. Ele passa a se sustentar sobre seus próprios pés, tornando-se capaz de lidar com seus próprios problemas e com as exigências da vida.

Perls (1977) propõe, então, um olhar complementar para o adoecimento, ressaltando o aspecto do impedimento no processo de desenvolvimento do indivíduo, com base no conceito de impasse. Segundo o autor, o impasse é "o ponto onde o apoio ambiental ou o obsoleto apoio externo não é mais suficiente, e o autoapoio autêntico ainda não foi obtido" (ibidem, p. 50). Desse modo, o olhar para o adoecimento com o conceito do impasse é redirecionado, já que a necessidade de oferecer o suporte ao processo de desenvolvimento da pessoa se evidencia como a figura do processo terapêutico.

Assim, essas duas visões sobre adoecimento parecem ter encontrado sustentação teórica na abordagem. No entanto, talvez seja possível afirmar que a necessidade de constituir o autossuporte é anterior à necessidade de ampliação da *awareness*, uma vez que uma pessoa só pode se conscientizar, se apropriar e comunicar o que viveu se tiver recursos para sustentar sua experiência. De certo modo, o suporte para a experiência possibilita a própria experiência e, portanto, precede a apropriação do que foi vivido.

Considerando essas reflexões, é possível pensar que, no contexto da clínica com crianças, muitas vezes as que iniciam o processo de psicoterapia, apesar de expressarem suas necessidades, não têm ainda autossuporte para identificá-las e atendê-las e, desse modo, estão impedidas de vivenciar suas experiências em seus ciclos de contato e de comunicar seu sofrimento com autonomia. Nesse sentido, muitas vezes, o cuidado oferecido pelo psicoterapeuta precisa representar o heterossuporte que sustenta a experiência da criança para que seu sofrimento possa ser comunicado. Essa visão, tanto de adoecimento quanto de cuidado, encontra mais uma vez confirmação nas ideias de Perls (1988, p. 122), quando ele afirma que "a terapia Gestáltica estabelece o postulado básico de que falta ao paciente autoapoio e que o terapeuta representa o si mesmo incompleto do paciente. O primeiro passo na terapia, portanto, é descobrir o que o paciente necessita".

A partir do impasse que a criança enfrenta em seu processo de desenvolvimento, é possível pensar que ela poderá realizar um ajustamento criativo em um meio que não lhe oferece suporte para as necessidades que expressa em seus ciclos de contato.

Segundo Perls, Goodman e Hefferline (1997), os ajustamentos criativos diante das interrupções podem ocorrer em diferentes momentos do ciclo de contato: antes da nova excitação (confluência), durante a excitação (introjeção), confrontando o ambiente (projeção), durante o conflito e o processo de destruição (retroflexão), e no contato final (egotismo).

Na confluência não há contato, uma vez que não existe fronteira. O indivíduo não se distingue do meio, tampouco discrimina a si próprio do outro. A introjeção é caracterizada pela incorporação sem discriminação nem assimilação das novidades do meio, de modo que os aspectos do meio se tornam elementos estranhos e não integrados à personalidade do indivíduo. Na projeção, o indivíduo se desapropria de partes de si mesmo, responsabilizando o meio por aspectos que são seus. Na retroflexão, ele direciona sua energia a si próprio quando gostaria de dirigi-la ao meio. Ele é, desse modo, agente da ação e também receptor, o que gera uma cisão em sua personalidade. Por fim, no egotismo, o indivíduo não consegue renunciar ao controle ou vigilância. É uma tentativa de aniquilação do novo e do surpreendente (Cardella, 2002).

O próximo capítulo pretende, então, apresentar a proposta Gestáltica para o atendimento de crianças e discutir como as mudanças nas famílias e na sociedade representam um novo pano de fundo, a partir do qual o cuidado que aparece como figura é a constituição do autossuporte da criança.

2.
A clínica Gestáltica com crianças e o cuidado a partir das transformações na família e na sociedade

CONFORME DESCRITO EM SUA biografia, Perls (2002) tinha divergências com Freud, que se evidenciaram justamente em suas diferentes concepções sobre o processo de desenvolvimento da criança. Perls acreditava que ela assumia uma postura ativa na interação com o meio. Porém, com o surgimento da Gestalt-terapia, o trabalho proposto pelo autor se concentrou no atendimento de pacientes adultos.

Em 1978, a publicação do livro *Descobrindo crianças*, de Violet Oaklander, representou a primeira proposta de psicoterapia com crianças na abordagem. Nesse livro, a autora destaca a importância da relação dialógica que se estabelece entre o psicoterapeuta e a criança, uma vez que ela constitui a base a partir da qual esta pode expressar, com a mediação de diferentes técnicas e experimentos, seus sentimentos e sofrimentos. Oaklander propõe, de maneira inovadora na época, que os conteúdos projetados pela criança não sejam interpretados, mas que as intervenções tenham como objetivo ampliar sua *awareness* e integrar suas projeções como parte de si mesma. Em relação ao trabalho com os pais, a autora enfatizou a importância de realizar as sessões iniciais na presença da criança para que ela se sinta incluída no processo desde o início.

Oaklander (1978) se transformou em referência para os Gestalt-terapeutas que atendem crianças e passou a divulgar suas ideias por meio de *workshops* anuais, artigos e capítulos de livros.

Em 2006, publicou outro livro, *Hidden treasure,* com a intenção de sistematizar e apresentar suas novas ideias, elaboradas ao longo dos anos nesse processo de divulgação de seu trabalho. Apesar de a autora ter proposto que o atendimento inicial dos pais fosse realizado na presença da criança, ela não fez referência às sessões de orientação. Nesse contexto, alguns autores que a sucederam aprofundaram a forma como o trabalho com os pais deve ser oferecido na abordagem. De acordo com Bove (2010), Zanela (2010) e Aguiar (2014), os atendimentos iniciais são realizados com os pais, sem a presença da criança, nos quais são coletadas informações sobre a queixa, a história de vida – em muitos casos com a ajuda de uma anamnese – e sobre o dia a dia da criança.

Com base nas informações que os pais compartilham sobre esses pontos, o Gestalt-terapeuta pode devolver algumas reflexões sobre o sentido do sintoma. No fechamento da primeira entrevista com os pais, a compreensão que foi construída pode ser verbalizada com mais clareza, e a partir desse ponto é possível definir como o processo deve seguir (Antony, 2010; Bove, 2010).

Assim, quando for identificada a necessidade, a sessão com a criança é marcada após as entrevistas iniciais com os pais e pode se repetir com uma frequência semanal, enquanto as sessões de orientação com os pais podem ser preestabelecidas em uma frequência mensal (Cornejo, 2003), ou realizadas de acordo com a demanda do processo (Bove, 2010; Antony, 2010, Aguiar, 2014).

Aguiar (2014) explica que o objetivo das sessões de orientação é ouvir a percepção dos pais a respeito do processo de psicoterapia da criança, tirar as dúvidas sobre questões relacionadas ao processo de desenvolvimento infantil e compartilhar a compreensão que é construída ao longo do processo.

Na primeira interação com a criança, Zanela (2010) aponta a importância de explicar, em uma linguagem que ela possa entender, o que faz um psicólogo e o motivo de ela estar lá, além de ouvir o que ela tem a dizer a esse respeito.

Oaklander (1978) e, posteriormente, Lampert (2003), Cornejo 2003), Aguiar (2014) e Antony (2012) também enfatizam, além da relação dialógica, o método de ampliação de *awareness* e o uso de técnicas e recursos lúdicos para mediar a relação com a criança, como: desenhos (desenho livre, de si mesmo, da família, de si mesmo no passado x si mesmo no presente, sobre algo marcante que aconteceu durante a semana, de uma situação de raiva, de tristeza, de alegria, de medo etc.); trabalhos com argila ou massinha; jogos; contato com o joão-bobo; histórias com fantoches; bonecos de pano ou com a casinha de madeira com mobília; lego ou outros brinquedos de encaixe; maleta de médico; maleta de ferramentas; entre outras possibilidades.

Antony (2012) explica o método de ampliação de *awareness* na clínica com crianças. A partir de um desenho, por exemplo, o Gestalt-terapeuta pode pedir para que elas descrevam a cena retratada ("O que está acontecendo?") e identifiquem os personagens ("Quem são?", "Onde eles estão?", "Seja um deles"...), além de propor que elas desenvolvam um diálogo entre eles ("O que você diria para esse personagem?", "Como acha que ele responderia?"). Aos poucos, é possível solicitar que as crianças se apropriem da experiência projetada, fazendo-lhes perguntas como "Algo parecido já aconteceu com você?" ou "Você já se sentiu assim?".

O método de ampliação de *awareness* na clínica com criança pode ser muito bem ilustrado nas várias vinhetas de Oaklander (1978, p. 23) em seu livro *Descobrindo crianças*, como a descrita a seguir:

> Liza, de treze anos, desenhou uma cena de deserto, um tema típico nos seus desenhos. Lisa vivia numa casa de adoção, fora classificada como "pré-delinquente", perturbava tremendamente na escola, não tinha amigos, não se dava com outras crianças na instituição e geralmente se caracterizava na maneira de falar, se vestir e agir como "durona". Nada a incomodava. Nesta sessão, ela desenhou o seu deserto, uma cobra e um buraco. Depois descre-

veu o seu desenho, pedi-lhe que fosse a cobra, que lhe desse uma voz como se fosse uma boneca, e descrevesse sua existência como cobra.

Lisa: Eu sou uma cobra, sou comprida e escura, eu vivo aqui no deserto, eu procuro comida e depois volto para dentro do meu buraco.

É só isso que você faz? O que faz para se divertir?

Lisa: Nada. Não há ninguém aqui por perto para brincar.

E como você se sente?

Lisa: Muito sozinha.

Lisa, você se sente sozinha como essa cobra?

Lisa: Sim, sou sozinha.

Então, Lisa perdeu sua postura de durona e começou a chorar. Nós conversamos sobre a sua solidão por algum tempo, e eu lhe contei alguma coisa a respeito da minha própria solidão.

A escolha de enfatizar essas intervenções na comunicação de sua prática clínica é compreensível, considerando que até então a maneira predominante de trabalhar com crianças era por meio de interpretações dos conteúdos que elas expressavam em suas brincadeiras. Além disso, o método de ampliação de *awareness* pressupõe uma presença genuína do psicoterapeuta na relação. Essas propostas representavam uma grande novidade, o que é possível constatar quando Yontef (1998, p. 277) descreve sua experiência inicial no contato com a Gestalt-terapia:

A rebelião contra a interpretação como sustentáculo de um tratamento foi um alívio para mim. E a rebelião contra a teoria do relacionamento profissional, que ditava que a presença do psicoterapeuta fosse mantida afastada e indireta, e que vedava mostrar compaixão ou outras emoções acabou me proporcionando crescimento.

Assim, os autores que seguiram a proposta de Oaklander (1978) parecem ter buscado uma maior articulação da teoria com a prática, além de ter ampliado a compreensão sobre a importância da participação dos pais no processo.

Porém, em relação às intervenções realizadas com a criança, em um movimento semelhante ao que aconteceu com a prática com adultos que Perls divulgou, parece que os autores contemporâneos seguem propondo que se reproduza o método da ampliação da *awareness*, sem levar em consideração os cuidados anteriores. Desse modo, é provável que, em um primeiro momento do processo, especialmente com crianças que não conseguem sustentar a expressão da sua necessidade até que uma experiência seja vivida, antes que seja possível realizar intervenções norteadas pelo método da ampliação da *awareness*, seja necessário que o psicoterapeuta se apresente como heterossuporte para sustentar suas experiências e assim permitir que, aos poucos, ela possa vir a constituir seu autossuporte. E, com o autossuporte constituído, a criança pode, enfim, começar a comunicar suas experiências com uma autonomia crescente e usufruir do método da ampliação da *awareness*.

No livro *Hidden treasure*, Oaklander (2006, p. 20, tradução minha) busca não só descrever sua prática clínica como também apresentar uma fundamentação teórica:

> A maioria das pessoas acredita que o meu trabalho consiste em usar uma variedade de técnicas expressivas e projetivas. Embora isso seja verdadeiro até certo ponto, muitos outros aspectos exigem atenção antes que estas técnicas sejam utilizadas.

Assim, a autora busca refletir sobre os cuidados que favorecem a possibilidade de vir a usar as técnicas como mediadoras do diálogo com a criança e afirma que, no início e ao longo do processo, tende a ir e voltar em repetidas tentativas de acessar suas necessidades.

Nessas tentativas, a autora explica que tende a seguir um caminho não linear, mas que transcorre naturalmente no processo terapêutico, em que ela se preocupa em prestar atenção à qualidade do contato da criança. Para tanto, observa se esta é capaz de sustentar um contato de boa qualidade ou se apresenta dificuldades.

Além disso, de modo similar à proposta deste trabalho, Oaklander (2006, p. 27, tradução minha) busca ajudar a "desenvolver um senso de si mesmo ou *self*, já que este é o principal pré-requisito para poder ajudar a criança a expressar as emoções que estão ocultas".

Caroll e Oaklander (1997, p. 198, tradução minha) ilustram uma experiência na qual a psicoterapeuta parece ter se apresentado como suporte para que a experiência da criança pudesse ser vivida e seu sofrimento, comunicado no início do processo terapêutico.

> O que ele mais gostava de fazer era brincar com os instrumentos musicais. Ele os descobriu um dia e imediatamente começou a tocar cada um deles: a bateria, os chocalhos, os triângulos... No começo, ele só improvisava. Ele tocava um pouco e em seguida a terapeuta tocava um pouco também. Às vezes, a terapeuta repetia um ritmo ou um padrão que ele estava tocando. Ele parecia gostar de ter o controle e da disponibilidade da terapeuta em seguir o seu comando. A atividade musical parece ter oferecido a ele uma experiência de controle máximo da situação. Conforme sua ansiedade diminuiu, ele se tornou mais disponível para o contato na interação com a terapeuta. A terapeuta intensificou o contato entre eles, sugerindo que ele começasse um ritmo com um instrumento. Ela acompanhava o seu ritmo com outro instrumento. Ele parava de tocar e pegava outro instrumento e logo os seus instrumentos estavam "conversando" um com o outro. Em seguida, a terapeuta sugeriu que os instrumentos poderiam expressar emoções. Eles tocaram música feliz, musica triste, música de raiva e de medo. Certo dia, quando tocaram a música da tristeza, ele contou para a terapeuta sobre o dia em que seu pai saiu de casa....

Como referência para comunicar a forma como fortalece o senso de *self* da criança, Oaklander (2006) descreve que trabalha com a relação, as resistências, o favorecimento do contato, as funções de contato, o corpo, a definição das características do si mesmo, a capacidade de fazer escolhas, a experiência do controle, a apropriação das projeções, o estabelecimento dos limites e fronteiras, a possibilidade de usar a imaginação e o senso de humor e o contato com a própria agressividade.

Entretanto, é possível que seja necessário detalhar ainda mais os cuidados que representam o heterossuporte no processo de constituição do autossuporte da criança para que essa possibilidade inicial de contato possa ser comunicada com a mesma clareza e alcance a mesma repercussão conquistada pelo método da ampliação da *awareness*. Desse modo, o Gestalt-terapeuta que trabalha com crianças pode encontrar ainda mais elementos que o ajudem a nortear seu raciocínio clínico e definir o manejo terapêutico.

Além disso, há outro fator que parece enfatizar a importância de descrever os diferentes movimentos envolvidos no heterossuporte para as experiências da criança, tanto em seu processo de desenvolvimento quanto na clínica. O contexto social, que representa o fundo dessas reflexões, passou por transformações importantes nas últimas décadas. Assim, é possível que a figura de interesse tanto da psicologia quanto dos pais ou cuidadores também tenha se transformado.

Segundo Villaça (2009), no mundo contemporâneo as mudanças ocorridas na família levaram à fragilização ou à perda do sentido da tradição. Nesse novo contexto, com a perda de poder dos papéis sociais relacionados à maternidade e à paternidade, o significado de cuidado parece algo incerto tanto para os pais quanto para os próprios psicoterapeutas.

No processo de desenvolvimento da instituição familiar ao longo das últimas décadas, passou-se de uma estrutura de hierarquia para uma estrutura que tende à igualdade (Vaitsman, 1994). Segundo Hintz (2001), essa modificação foi norteada pelas relações de poder. Na família hierárquica, o homem detinha o poder e controlava os outros membros da família, apoiado no seu papel de provedor do sustento financeiro. A mulher se reservava ao espaço doméstico. Nas relações entre pais e filhos, havia um distanciamento. Assuntos importantes não eram tratados na frente das crianças e as demonstrações de afeto também eram contidas, o que reforçava a hierarquia entre os membros da família. É possível pensar que, nesse contexto, no qual a autoridade do pai aparecia como figura nas relações familiares, o que se destacava na experiência da criança, possivelmente, era a repressão da expressão de suas necessidades. Nesse momento, o olhar da psicologia se direcionou no sentido de identificar o conflito provocado por essa dinâmica. Esse pano de fundo, talvez, ofereça um novo sentido para a ênfase que foi dada ao método da ampliação da *awareness* no momento da publicação do primeiro trabalho de Oaklander (1978).

Com a Revolução Industrial e após as duas guerras mundiais, a família, nas décadas de 1950 e 1960, passou por inúmeras modificações. Com o surgimento da pílula anticoncepcional e incentivada pela necessidade econômica, a mulher pôde controlar a procriação, o que lhe possibilitou conquistar novos espaços fora de casa e entrar no mercado de trabalho. Esse movimento permitiu que, de forma gradativa, as decisões pudessem ser tomadas de maneira compartilhada, tanto sobre as questões dos filhos como nas atividades administrativas e financeiras da família. Com a saída dos pais de casa, as creches e os avós aparecem como solução para o cuidado dos filhos pequenos.

Nesse novo contexto, não só os pais dividem a educação de seus filhos com as creches ou com os avós, como também, em muitos casos, a configuração familiar não é mais a mesma da família organizada em uma estrutura hierárquica. Isso porque, segundo Hintz (2001), com a liberdade sexual possibilitada pelo surgimento da pílula anticoncepcional e a autonomia financeira conquistada pela mulher ao entrar no mercado de trabalho, os casamentos puderam ser desfeitos com maior facilidade, o que possibilitou diversos perfis de famílias, tais como: as famílias monoparentais, nas quais um dos pais assume o cuidado dos filhos e o outro não é ativo na parentalidade; as famílias nas quais um dos pais é solteiro e o outro nunca assumiu a parentalidade; e as famílias reconstruídas, nas quais os relacionamentos familiares ampliam-se, na medida em que há os filhos do casal original, possíveis filhos dos casamentos anteriores dos novos parceiros e, possivelmente, os filhos do casal atual.

Ao longo das últimas décadas, o cuidado, portanto, se desassociou do papel tradicional relacionado à maternidade e à paternidade, que as famílias organizadas de forma hierárquica impunham.

É importante destacar que os pais inseridos hoje no mercado de trabalho estão em um contexto de pressão pela expansão do desemprego. Segundo Esper (2008), esse contexto é decorrente dos novos padrões de busca de produtividade impostos pelas indústrias. Nesse novo paradigma, a transformação da produção começou a se apoiar nas tecnologias surgidas no pós-guerra, como o desenvolvimento da informática, automação e robotização, o que levou ao surgimento de máquinas cada vez mais sofisticadas e ao redesenho da engenharia gerencial e administrativa da produção. Assim, com a tecnologia, houve uma diminuição dos postos de trabalho.

Além disso, no contexto do mundo contemporâneo, muitos indivíduos, segundo Santos (2000), experimentam uma sensação de vazio e desamparo, resultado desse processo de ausência de referências, diante da pluralidade atual.

É possível supor, levando essas reflexões sobre as mudanças na sociedade para o contexto familiar, que homens e mulheres, quando têm um filho, não encontram referências de como agir nesse novo papel e, portanto, no contato com a criança, entram em contato com a sensação de vazio e desamparo.

A ideia de Botton (2004, p. 87, tradução minha) sobre como as mudanças na sociedade influenciaram o processo de construção de identidade do indivíduo pode contribuir para ampliar essa reflexão. O autor explica que, nas sociedades tradicionais, o que importava era a identidade da pessoa no momento de seu nascimento e não tanto o que ela seria capaz de conquistar ao longo da vida. "O que importava era quem a pessoa era e não o que ela fazia."

A grande ambição nas sociedades modernas foi reverter essa equação, de tal modo que o sucesso e reconhecimento, nos dias de hoje, raramente depende de uma identidade herdada de uma geração para a outra. Ao contrário, o *status*, que direciona a ação do indivíduo, depende de sua performance em um contexto de mudanças muito rápidas (Botton, 2004).

A velocidade das mudanças no contexto do mundo contemporâneo é explicada por Toffler (1999, p. 164) com a ideia de transitoriedade. Segundo o autor, "ideias, crenças e atitudes entram vertiginosamente na consciência... e, de repente, desvanecem-se no nada".

Nesse ponto, evidencia-se o fundo, no qual homens e mulheres estão inseridos no momento em que nasce um filho e que pode, por um lado, representar um risco para o processo de desenvolvimento dos pais e da criança e, por outro, revela-se uma possibilidade de desenvolvimento que estava impedida nas gerações anteriores pela necessidade de reproduzir, de forma indiscriminada, o papel imposto socialmente relacionado à maternidade e à paternidade.

Com base nas ideias sobre as mudanças na sociedade contemporânea que foram apresentadas, é possível identificar que um risco que figura nesse novo pano de fundo é que o contato com a sensação de vazio e desamparo, que muitos pais e mães experimentam, os leve a construir essa nova dimensão de identidade, orientados pela performance que irão desempenhar no cumprimento das tarefas relacionadas ao dia a dia da criança. Além disso, o excesso de informação, ideias e crenças às quais os pais têm acesso diariamente pode, muitas vezes, reforçar esse movimento, no qual a relação com a criança se restringe à reprodução, muitas vezes inconsistente (essas informações mudam e muitas vezes ditam posturas opostas), desse conhecimento que foi introjetado, caracterizada como um cuidado técnico, instrumental.

Soma-se a essa constatação o fato de que tanto a mãe quanto o pai, muitas vezes, trabalham em excesso, uma vez que estão submetidos às pressões inerentes do mercado de trabalho atual, e a figura do sofrimento da criança no mundo contemporâneo se evidencia. A ausência de uma presença afetiva no seu dia a dia pode levar à experiência de ausência de alteridade diante do surgimento de uma necessidade.

Nesse contexto, é possível, segundo Spagnuolo Lobb (2013), que a energia associada à necessidade, quando não é contida, permaneça retida no organismo e passe a ser vivenciada como ansiedade. Com o tempo, o corpo da criança pode se dessensibilizar para evitar o contato com essa sensação. Assim, a figura da psicoterapia também se transforma e passa a ser o de "oferecer suporte para o processo de contato" (*ibidem*, p.28).

É importante ressaltar que é possível que a ausência de afeto também fosse uma experiência vivenciada por muitas crianças das gerações anteriores, já que a relação das crianças com seus pais também era marcada, conforme explicado anteriormente, por um distanciamento afetivo. No entanto, como a figura nas relações familiares era o autoritarismo paterno e, na sociedade, a rigidez dos papéis sociais, o cuidado comunicado com maior destaque na clínica Gestáltica de crianças foi o método da ampliação da *awareness,* já que este é um cuidado que oferece espaço para a expressão de suas necessidades.

Desse modo, amplia-se o sentido da importância de se descrever, identificar e nomear os diferentes movimentos envolvidos no heterossuporte para as experiências da criança, tanto no seu processo de desenvolvimento quanto na relação terapêutica.

3.
Os cuidados inerentes à constituição do *self* da criança

ATUALMENTE, OS AUTORES DA Gestalt-terapia interessados em dar sequência ao trabalho iniciado por Oaklander (1978) na clínica com crianças e em propor reflexões sobre o significado de cuidado para a abordagem parecem trilhar dois caminhos distintos. Levando em conta o contexto contemporâneo, os autores ligados ao Instituto de Nova York (Hycner e Jacobs, 1997; Frank, 2001; Frank e La Barre 2011) e Cleveland (McConville, 2011; Lee, 2011; Tervo, 2011) e aos institutos da Itália (Spagnuolo Lobb, 2013) vêm refletindo sobre o significado do cuidado para a Gestalt-terapia apoiados nas descobertas recentes das neurociências[5].

Em paralelo, os autores brasileiros (Ajzenberg *et al.*, 1995, 1998, 2000; Aguiar, 2014) construíram reflexões sobre o processo de desenvolvimento da criança, colocando os conceitos e pressupostos filosóficos da Gestalt-terapia na perspectiva de seu desenvolvimento. Nesse ponto de vista, eles começaram a descrever os cuidados que ajudam a criança a percorrer seus ciclos

---

5. As neurociências constituem um campo que, frequentemente, enfrenta certa resistência dos psicólogos e, principalmente, dos Gestalt-terapeutas, já que essa área de estudos pode ser associada a uma visão médica ou mais fria em relação à experiência humana. No entanto, com as descobertas feitas nessa área – como os neurônios-espelho, por exemplo, que serão explicados no Capítulo 3 –, pode-se perceber que cada vez mais as neurociências não só se aproximam do olhar Gestáltico como nos ajudam a aprofundar a compreensão sobre as necessidades constitutivas da subjetividade humana.

de contato, realizar ajustamentos criativos e constituir uma fronteira de contato.

Apesar de nem sempre estar explicitado, parece que a intenção dos autores brasileiros é de contribuir para a articulação da teoria com a prática clínica, ao passo que os autores estrangeiros parecem buscar ampliar as possibilidades de manejo terapêutico com as novas descobertas das neurociências. Esses diferentes olhares serão apresentados de maneira integrada.

Entre as principais descobertas das neurociências, os neurônios-espelho (Gallese et al., 1996) são aquela à que se referem os autores da Gestalt-terapia com mais frequência, visto que amplia a compreensão sobre a empatia e a função das experiências constitutivas[6] – denominadas pelos autores contemporâneos da Gestalt-terapia (Hycner e Jacobs, 1997; Tervo 2011; Spagnuolo Lobb, 2013) experiências intersubjetivas – no desenvolvimento da criança e no contexto da psicoterapia.

Segundo Siegel (2007), os neurônios-espelho foram descobertos por acaso. Os pesquisadores italianos da Universidade de Parma, citados acima, conduziam um experimento com um macaco e instalaram eletrodos na área motora de seu cérebro. Sempre que o macaco pegava um objeto, os neurônios dessa área cerebral disparavam. Um dia, uma pessoa entrou no laboratório comendo. Quando a pessoa levou a comida à boca, o eletrodo disparou, mesmo com o macaco imóvel. Essa constatação demonstrou que existia uma integração entre a área visual e motora do cérebro do macaco. Mais importante que isso, essa descoberta foi considerada inovadora, pois esse sistema integrado apenas era ativado quando o movimento observado pelo macaco era intencional, da mesma maneira como quando ele próprio realizava o mesmo movimento. A partir dessa constata-

---

6. Conforme discutido no capitulo um, apesar dos autores contemporâneos (Hycner e Jacobs, 1997; Tervo 2011 e Spagnuolo Lobb, 2010) adotarem com frequência a denominação experiências intersubjetivas, esse trabalho irá se referir às experiências que contribuem para o processo de constituição do autossuporte, como experiências constitutivas.

ção, portanto, os pesquisadores perceberam que o cérebro do macaco registrou a ação observada como se estivesse acontecendo com o próprio macaco.

Se você mexer suas mãos em frente ao macaco, os neurônios-espelho não serão ativados. As propriedades de espelhamento implicam a percepção de um ato intencional. É um comportamento orientado por um objetivo, que ativa esse conjunto de neurônios. (Siegel, 2007, p. 166, tradução minha)

A importância dessa descoberta fez que essa pesquisa fosse replicada em seres humanos e incentivasse diferentes estudos, inclusive os aprofundados por Iacobini *et al.* (2003), que demonstraram que o sistema de neurônios-espelho, localizado em diferentes regiões cerebrais, tais como o lobo parental e frontal e a área temporal superior, não só registrava a ação observada como mediava o mecanismo de ressonância emocional, no chamado circuito de ressonância.

Segundo Siegel (2007), os processos corticais de percepção e representação das intenções identificadas no movimento observado estão ligados aos processos límbicos, emocionais, que levam a uma mudança no estado corporal pela mediação da ínsula. A ínsula funciona como uma ponte que leva a intenção percebida pelo indivíduo, registrada nas regiões corticais, para o resto do corpo. "A ínsula liga a ativação dos neurônios-espelho na percepção para a alteração no corpo e nos estados emocionais, o que resulta no que chamamos de contágio emocional, ou ressonância emocional" (*ibidem*, p. 167).

Siegel (2007) explica que, como parte do circuito de ressonância, essas mudanças no estado emocional e no corpo do indivíduo são identificadas em um processo denominado *interopercepção*[7]. Conforme a pessoa as identifica, ela pode também interpretá-las e atribuí-las como um efeito do contato com

---

[7]. Tradução livre de interoception.

o outro. Quando esse processo de percepção interna, interpretação e atribuição acontece, a pessoa pode agir, então, de maneira empática. É importante destacar que, nesse processo, o autor constata que a empatia exige que possamos refletir e estar atentos e "sintonizados com nosso estado interno para que seja possível sintonizar com os outros" (*ibidem*, p. 168, tradução minha).

A descoberta dos neurônios-espelho e do circuito de ressonância aparece, portanto, como a base neurobiológica das experiências constitutivas. Se levarmos essas descobertas para o processo de desenvolvimento da criança, é possível constatar que, por meio da empatia, o cuidador pode compartilhar a experiência da criança e, ao contar com um autossuporte que lhe permita identificar que foi afetado pela experiência da criança, agir de maneira empática na relação com ela.

Se tentarmos integrar o conhecimento relacionado aos neurônios-espelho e ao circuito de ressonância com as reflexões teóricas propostas por Ajzenberg *et al.* (1995; 1998) sobre as interações iniciais entre o bebê e seus cuidadores, talvez possamos ampliar a compreensão sobre os diferentes movimentos envolvidos no suporte para as experiências constitutivas da criança com base nos conceitos da Gestalt-terapia.

As autoras denominam função materna o movimento que o cuidador realiza de sustentar o ciclo de contato do bebê ao reconhecer, decodificar e satisfazer suas necessidades. Com isso, aos poucos, a criança assimila esse cuidado e cresce capaz de reconhecer suas próprias sensações. Ou seja, é capaz de autorregular-se, formar figuras claras e mobilizar energia para fechar as *Gestalten* que surgem, completando o ciclo de contato de maneira saudável (Ajzenberg *et al.*, 1998).

As experiências assimiladas pela criança em seu processo de constituição do autossuporte são sustentadas por três cuidados distintos: a possibilidade de compartilhar a sensação expressa pela criança, de nomeá-la e de oferecer um cuidado que atenda à necessidade identificada para que seja possível restaurar o equilíbrio em seu organismo. A figura abaixo ilustra os diferentes cuidados que possivelmente sustentam as experiências constitutivas no ciclo de contato da criança.

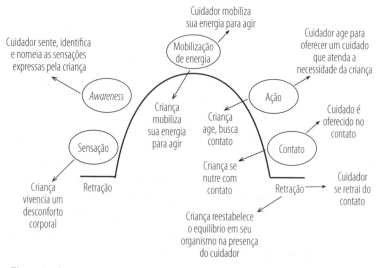

Figura 5 – Suporte para as experiências constitutivas no ciclo de contato da criança.

Para ilustrar o suporte para as experiências da criança com um exemplo concreto do cotidiano, é possível pensar que, diante de um acontecimento do meio, no qual uma criança entra em contato com a necessidade de vivenciar a tristeza, ela, em um primeiro momento, irá vivenciar sensações, como um aperto no coração, desânimo e vontade de chorar. Diante desse conjunto de sensações, a criança que ainda não constituiu o autossuporte necessário para sustentar suas experiências precisará do cuidado de outra pessoa, que possa compartilhar suas sensações e nomeá-las como tristeza. A partir daí o cuidador pode agir. Pode ouvir atentamente a criança e abraçá-la, por exemplo, oferecendo um cuidado que ajude a retomar o equilíbrio em seu organismo. Assim, sua necessidade pode se retrair e o organismo alcança o repouso.

Cozolino (2006, p. 87, tradução minha) explica que, com o tempo, as repetidas experiências de passagem da regulação para a desregulação e novamente para um estado regulado são assimiladas na rede de memórias sensoriais, motoras e emocionais: "A participação dos cuidadores nesse processo, o seu esforço repetitivo em levar a criança de volta aos estados regulados constrói e reforça esses circuitos. A experiência, a memória e o controle da transição desses estados se tornam codificados como memórias implícitas".

De acordo com Siegel (2012), a memória implícita envolve partes do cérebro que não exigem processamento consciente durante a codificação e a lembrança da informação. Com base nas experiências que se repetem na interação com seus cuidadores ou com o psicoterapeuta, a criança é capaz de assimilá-las em sua memória implícita. Essas memórias são generalizadas tanto para as interações no presente como para antecipar experiências futuras.

Por isso, ao que tudo indica, as experiências constitutivas favorecem a assimilação dos recursos importantes – tais como a possibilidade de a criança realizar processos de autorregulação no surgimento de uma necessidade e a assimilação da sensação de confiança nas relações que estabelece –, pois elas permitem que a criança compreenda que, assim como o momento presente, o futuro continuará a providenciar respostas contingentes.

Além disso, se voltarmos para a ilustração das experiências constitutivas no ciclo de contato, podemos pensar que elas também representam a possibilidade de a criança vir a nomear as sensações que vivencia no momento do aparecimento de uma necessidade em seu organismo, pois o ciclo de contato nos mostra que este é um movimento necessário para a retomada do equilíbrio no corpo. Com o tempo, portanto, com base nas experiências constitutivas, a criança assimila a experiência de que determinado conjunto de sensações que experimenta pode ser organizado e nomeado por uma palavra específica.

Além disso, Frank (2001) explica que a expressão de uma necessidade dominante promove o processo de contato e, quando a criança se sente nutrida e satisfeita, o movimento em direção ao objeto de interesse se completa e a criança se retrai e pode repousar. Quando o contato é satisfatório, a criança assimila uma maneira flexível de se relacionar com o meio, o que pode ser considerado a base dos ajustamentos criativos que irá realizar, na medida em que amplia seu desenvolvimento cognitivo e sensoriomotor, além de favorecer o processo de diferenciação e, portanto, de constituição da fronteira de contato.

Por outro lado, Frank (2001) também explica que em um campo, em que as necessidades da criança não encontram suporte em sucessivas oportunidades, a criança se adapta com hesitação e certa relutância, e o contato é frustrado. Nesse contexto, a maneira precária de se relacionar é assimilada e pode vir a se tornar sua forma dominante e cristalizada de estabelecer contato. Além disso, segundo a autora, em um campo no qual a criança não encontra suporte para suas necessidades, a experiência de se separar do outro é inibida, bem como sua capacidade de realizar ajustamentos criativos de forma a expressar sua singularidade e se adaptar às imposições do meio.

Segundo Spagnuolo Lobb (2013, p. 86, tradução minha), quando a quantidade de experiências constitutivas assimiladas pelo indivíduo é precária, seu processo de diferenciação e de constituição da fronteira de contato fica comprometido. E nesses casos, talvez, a confluência (a ausência de uma fronteira de contato permite que as sensações do campo invadam o *self*) e a introjeção (a criança introjeta uma maneira cristalizada de se relacionar) possam ser consideradas as maneiras de se relacionar que prevaleçam nas interações da criança.

> Tudo o que acontece do lado de fora é potencialmente experimentado como se estivesse também acontecendo do lado de dentro, o *self* se move sem a percepção das fronteiras com o ambiente (confluência) em um estado no qual tudo representa uma novidade que pode promover ansiedade e nada pode ser assimilado.

Além disso, a ausência das experiências constitutivas deixa a criança vulnerável às experiências de medo, vergonha, ansiedade e desregulação emocional, entre outras possibilidades, conforme indicam as pesquisas de autores das neurociências (Cozolino, 2006; Siegel, 2012) e as reflexões construídas por autores da Gestalt-terapia (Lee, 2011; Spagnuolo Lobb, 2013).

De acordo com Siegel (2012), por meio dos neurônios-espelho a criança é capaz de assimilar a intenção amorosa de seus pais e pode vir a estabelecer uma relação de confiança.

O autor também explica que quando os pais viveram experiências traumáticas e permanecem em contato com o medo ou quando assumem uma postura amedrontadora na relação com a criança, o medo que esta sente nessa relação pode paralisá-la, já que a pessoa que iria oferecer o cuidado para que ela pudesse autorregular-se no contato com essa emoção é o próprio agente que a amedronta.

Ainda segundo Siegel (2012), conforme o cuidador desaparece da relação com a criança por estar absorvido pelo pânico ou pela raiva, a criança permanece por um período de tempo prolongado em contato com o medo. Essa experiência, em longo prazo, pode levá-la a assimilar um modelo de apego desorganizado/desorientado. Sendo assim, ela se encontrará em um contexto no qual entra em contato com o medo desencadeado pela relação com os pais, somado à perda da relação de confiança.

Além do medo, a ausência de um fundo de experiências constitutivas também pode deixar a criança vulnerável à vergonha, relacionada à sensação de inadequação que a criança experimenta quando percebe que seu movimento em direção ao contato não será bem recebido, o que leva à necessidade de retração como uma tentativa de se proteger (Lee, 2011).

É importante ressaltar que a criança experimenta a vergonha como uma informação sobre si mesma (é inadequada, não é amada ou valorizada...) quando, na verdade, a vergonha revela informações do campo (cuidadores pouco sensíveis, ausentes, sem referências de como agir etc.).

Além disso, na ausência ou na precariedade de suporte, Spagnuolo Lobb (2013, p. 28) explica que a agressividade – que é a energia que conduz a experiência –, sem o suporte da respiração (a falta de oxigênio representa a ausência de suporte em uma dimensão fisiológica), se transforma em ansiedade. Nesse sentido, a ansiedade indica que o suporte para o contato está ausente: "A excitação que não é contida se transforma em ansiedade".

No contato prolongado com a ansiedade, conforme explica Spagnuolo Lobb (2013), a criança pode dessensibilizar sua fronteira de contato, ou talvez, mais especificamente, suas funções de contato como forma de evitar o incômodo contato com esse sentimento.

Além do medo, da vergonha e da ansiedade, a precariedade de suporte para as experiências constitutivas pode comprometer a capacidade da criança de regular suas emoções. Shore (2003) explica que, no contato com um cuidador negligente ou invasivo, a consequência mais significativa para o desenvolvimento da criança é a falta de capacidade de autorregulação emocional, o que é expresso pela dificuldade de regular a duração e a intensidade da expressão dos afetos. Assim, essas experiências primárias adversas resultam em uma maior sensibilidade da criança para eventos estressores e em uma maior vulnerabilidade para distúrbios psiquiátricos no futuro.

O sintoma e as emoções que a criança expressa nesse contexto não significam, portanto, que ela está adoecida, mas sim que seu processo de desenvolvimento (tanto seu autossuporte quanto os recursos constitutivos do *self*) está retido pela precariedade do suporte, ou seja, pode ser uma tentativa de comunicar um anseio pela presença do outro que sustente suas experiências e lhe permita sair do impasse em que se encontra.

Pensando novamente no processo saudável de constituição do *self* da criança, a função de diferenciação da fronteira de contato é reforçada por outro cuidado importante que ela recebe na interação com seus cuidadores, conforme suas habilidades se desenvolvem: os limites. Ajzenberg *et al.* (1998) afirmam que são os limites e os confrontos com os pais que possibilitam à criança perceber as diferenças entre suas necessidades e as necessidades do Outro.

Lee (2011) explica que, a partir do segundo ano de vida, quando a criança começa a andar, os cuidadores deparam com uma tarefa, de certa maneira, oposta à que vinham exercendo: em vez de sustentarem a emergência da necessidade que o bebê expressa, eles precisam, muitas vezes, interromper seu ciclo de contato.

O autor ainda afirma que a interrupção do movimento que o bebê realiza no sentido de atender à sua necessidade dispara uma experiência inevitável de vergonha (que nesse contexto não se restringe à percepção da criança de ter feito algo errado, mas à necessidade de recuar em seu movimento). No entanto, quando estão sintonizados com a experiência da criança e logo restabelecem o vínculo com ela, os cuidadores ajudam-na a assimilar esse sentimento e a incluir a frustração que ela sentiu como uma experiência de pertencimento.

Já nos casos de repetição de situações em que os pais rompem o vínculo com a criança diante da necessidade de estabelecer limites, ela se mantém por um tempo prolongado em contato com a vergonha, não integrando a frustração como uma experiência de pertencimento.

Assim, podemos pensar que a frustração disparada pelo limite também precisa ser cuidada, exigindo flexibilidade dos pais, uma vez que são eles que, ao impor o limite, provocam a frustração na criança e, ao mesmo tempo, precisam cuidar dessa experiência do filho.

Ajzenberg *et al.* (1998) explicam que, com os limites impostos pelo meio, que impedem a criança de concluir seu ciclo de contato, surge um "espaço" para que ela possa fazer ajustamentos criativos, influenciado não só pela tendência de satisfazer suas próprias necessidades, mas também pelas reações do meio diante de seu comportamento. Essa dinâmica possibilita que a criança construa uma maneira de se relacionar e desenvolva recursos próprios para lidar com as situações que irão surgir ao longo da sua vida. Desse modo, o contato com o diferente segue possibilitando à criança, de uma maneira atualizada, apropriar-se de forma gradual do que é próprio.

Com o tempo, as habilidades da criança se desenvolvem e os pais que estão presentes na relação percebem essa transformação e atualizam sua maneira de se relacionar com ela.

Após os primeiros meses de vida, a atualização mais marcante é a perda do senso de urgência em atender às necessidades da criança. A espera desta, nesse contexto, significa uma oportunidade para treinar novas habilidades (Poppa, 2013). Sendo assim, quando a necessidade da criança não é atendida imediatamente, ela tem tempo para tentar balbuciar, apontar o que deseja e, assim, desenvolver sua capacidade de comunicação e suas habilidades motoras.

É importante ressaltar, no entanto, que sem um autossuporte constituído a possibilidade de identificar e agir com autonomia fica comprometida, pois a criança não encontra suporte em si mesma. Nesses casos, a diminuição do senso de urgência do cuidador em atender às necessidades da criança pode não ser vivida como um cuidado, mas sim como uma experiência de desamparo.

No entanto, conforme a criança constitui um autossuporte que lhe permita usufruir dos limites e da diminuição do senso de urgência do cuidador, ela pode vivenciar suas experiências com uma autonomia crescente, revelando, cada vez mais, sua maneira pessoal e singular de se relacionar e de assimilar o contato.

A criança que realiza ajustamentos criativos tem, portanto, sua fronteira de contato constituída e a abertura preservada, o que permite que ela possa usufruir dos contatos que estabelece, assimilar essas experiências e seguir com seu processo de desenvolvimento.

Segundo Wheeler (2003), a abertura da criança precisa ser preservada ao longo de seu crescimento de duas maneiras: pela manutenção das experiências constitutivas que são atualizadas ao longo do tempo e pela oferta de um novo cuidado, que se torna possível, na medida em que a criança tem suporte para revelar sua pessoalidade no contato. Quando a criança alcança a possibilidade de se relacionar de maneira criativa e singular, começam a existir uma troca de pessoa a pessoa e a possibilidade de ampliar a qualidade da relação para além das experiências constitutivas. Sem um autossuporte constituído, a expressão de seu sofrimento possivelmente precisará do apoio do psicoterapeuta, que, ao se apresentar como suporte para as experiências constitutivas, pode sustentar a comunicação do sofrimento da criança, bem como de sua necessidade singular.

O processo de constituição do *self*, com destaque para os cuidados envolvidos nesse processo, estão ilustrados na figura a seguir.

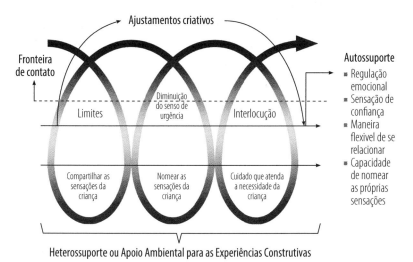

Figura 6 – Cuidados constitutivos do *self*.

É importante ressaltar que essas reflexões são apenas referências, visto que a própria ideia de experiências constitutivas nos impõe a necessidade de considerarmos o aqui e o agora da relação, bem como a singularidade da criança. Não é possível empatizar nem compartilhar sua experiência de outra forma. Portanto, apenas representam um fundo que pode ajudar na construção do raciocínio clínico e na definição do manejo terapêutico na clínica Gestáltica com crianças.

Os três capítulos que se seguiram representam, portanto, o pano de fundo teórico a partir do qual os três casos apresentados a seguir serão discutidos. A análise desses casos pretende revelar como o Gestalt-terapeuta pode sustentar a experiência da criança em seus ciclos de contato na clínica e, assim, dar início ao seu processo de constituição do *self*, além de evidenciar como as sessões com os pais podem ser manejadas nesses casos, para que eles também possam, aos poucos, assumir a função de heterossuporte nos ciclos de contato de seu(sua) filho(a).

Serão apresentados, então, os casos de Felipe, um menino de 5 anos criado pela mãe e pela avó que chega à psicoterapia com queixa de ansiedade; Carol, uma menina também de 5 anos, cujos pais procuram a psicoterapia para a filha com diferentes queixas: ansiedade, medo sem motivo aparente e descontrole emocional; Melissa, uma mãe de 35 anos que busca orientação para cuidar de sua filha, Beatriz, de 3 anos.[8]

---

[8]. Os nomes dos personagens de todos os casos são fictícios.

4.
Análise

DESCRIÇÃO DAS SESSÕES TÍPICAS DO PROCESSO DE PSICOTERAPIA DE FELIPE

1/11/2013

PRIMEIRA ENTREVISTA: QUEIXA E HISTÓRIA DE VIDA DE FELIPE

A mãe de Felipe, Mariana, me procurou devido a algumas manifestações de ansiedade do filho, que tinha 5 anos. Na primeira entrevista, contou que ele costumava morder a gola de suas camisas e as cortinas da casa. Perguntei-lhe qual seria, em sua opinião, o significado desse comportamento, ao que ela respondeu que acreditava estar relacionado ao fato de ser mãe solteira e de o pai de Felipe não ter interesse em conhecê-lo. Quando ela compartilhou essa informação, pedi que me contasse mais detalhes sobre como conheceu o pai da criança e como engravidou.

Contou que já o conhecia havia muitos anos e que o reencontrou em uma época em que ele estava separado. Ficaram juntos e ela engravidou. Quando deu a notícia, ele pediu para que abortasse, o que ela não quis fazer, já que estava numa idade em que não conseguiria engravidar novamente e tinha condições financeiras para cuidar da criança. O pai, então, optou por retomar o casamento com a ex-esposa e não ter mais contato com ela.

Mariana relatou que eles moram com sua mãe, que ajuda nos cuidados com Felipe. Perguntei-lhe sobre seu pai, o avô de

Felipe, pois fiquei com a impressão de que ele já havia falecido e acreditava que, se fosse o caso, essa informação seria importante para entender o campo das relações da criança. Ela confirmou minha impressão e disse que seu pai havia morrido de maneira inesperada, por um problema no coração. A partir desse acontecimento, ela teve de refazer seus planos (até esse momento, ela havia se formado em Psicologia e estava atendendo crianças) e começou a trabalhar em uma empresa na qual fez carreira e está até hoje. Pelo que pude compreender, parece que sua mãe ficou muito abatida e fragilizada com a perda do marido, e que Mariana precisou cuidar dela, tanto financeira quanto emocionalmente.

Contou também que ela e a mãe haviam brigado com seu irmão. Segundo ela, o irmão é uma pessoa muito difícil, que se relaciona mal com a filha e com a ex-mulher, o que tornou o convívio com ele insuportável.

Mariana pediu-me para ajudá-la a contar para seu filho a verdade sobre o pai. Confessou que até hoje não conseguiu lhe dizer que o pai tem outra família e que ele não quer conhecê-lo, e não está certa se deve fazer isso. Ponderei com ela que talvez fosse importante identificar o que o filho entende dessa situação e também conhecer os recursos que ele tem para lidar com essa questão.

Para isso, combinamos que eu iria atendê-lo uma vez por semana e que faríamos sessões mensais de orientação. Reforcei que primeiramente iria me encontrar apenas com o Felipe e que, quando marcássemos a primeira sessão de orientação, poderia compartilhar com ela minhas impressões.

13/11/2013

SEGUNDA SESSÃO COM FELIPE: ZUMBIS E MORTE COMO TEMAS RECORRENTES

Felipe chegou aparentando ansiedade para brincar. Pediu a casinha. Parecia que estava na expectativa de se divertir com esse brinquedo, como na semana anterior. Minha intenção, desde o começo da sessão, era permitir que ele seguisse seu interesse e, ao mesmo tempo, ajudá-lo a concluir ou viver uma experiência que permitisse comunicar seus sofrimentos e anseios. No entanto, sua atenção, no começo da sessão, parecia dispersa e direcionada a várias possibilidades de atividades.

Até que começou a criar algumas cenas. Participei da brincadeira encenando uma das personagens. Primeiro ele pegou duas bonecas e disse que eram amigas. Uma delas subiu no telhado da casa e morreu do coração. Ele ficou segurando a boneca no alto, como se ela tivesse ido para o céu. Com a minha boneca, comecei a rezar e a boneca dele voltou. Fui então abraçá-la, mas ela morreu novamente. O boneco de um bebê estava ao lado e ele disse que era um bebê que estava na rua. Com minha boneca, peguei o bebê, levei-o para casa e cuidei dele. Enquanto isso, Felipe ficava muito atento a essa cena. Ele pegou a boneca que tinha morrido, disse que era um zumbi, atacou a minha boneca e o bebê e falou que eles também haviam se transformado em zumbis.

Nesse momento, fez um gesto, recuou e pareceu relaxar, o que demonstrou para mim que seu interesse pela atividade havia se esgotado. Eu estava me sentindo muito impactada pela história que havia sido criada. Por isso, perguntei a ele se queria que eu escrevesse a história que nós criamos, até para que eu conseguisse assimilar melhor seu sentido. Ele concordou.

Depois dessa brincadeira, ele quis fazer um desenho. Desenhou seu melhor amigo para "toda a vida". Começou o desenho usando meu carimbo e escreveu na primeira página o seu nome e o meu.

Ele logo quis mudar de atividade e brincar com varetas, mas ainda estava muito agitado e não tinha paciência de esperar terminar de montar. No final desse jogo, eu disse a ele que iria conversar com sua mãe na semana seguinte ou na outra sobre como ela poderia ajudá-lo e resolvi arriscar e comentar com ele o que eu estava achando. Disse que achava que ele se preocupava demais com os problemas das pessoas ao redor dele, como a avó e a mãe. Perguntei se a avó parecia triste algumas vezes e ele disse que sim, mas que sua mãe parecia que estava sempre bem.

Depois dessa conversa, ele olhou uns palitos no armário e eu perguntei se ele queria fazer uma colagem, ao que ele aceitou. Quando a gente se sentou, ele disse que poderia fazer a colagem e eu, a pintura ao redor. Parecia mais calmo e concentrado na atividade. Respondi que era justamente isso que eu tinha pensado. Nesse momento, ele pediu para ir ao banheiro e aproveitou para contar à mãe que eu tinha adivinhado o que ele havia pensado.

27/11/2013
PRIMEIRA SESSÃO DE ORIENTAÇÃO COM A MÃE

Antes dessa sessão, Mariana me mandou um e-mail dizendo que Felipe estava mais apegado a ela e chorando todos os dias na hora de ir à escola. Marcamos essa orientação para falarmos das sessões com o Felipe e também para que eu pudesse orientá-la sobre esse novo comportamento do filho.

Para a primeira sessão de orientação com a mãe, optei por escrever alguns tópicos que me ajudassem a lembrar dos temas e da maneira como abordá-los durante a sessão. Achei que assim conseguiria comunicar em uma linguagem do dia a dia, ressaltando o que precisava ser comunicado, mas cuidando para que não soasse como uma crítica, nem que despertasse um sentimento de culpa.

Quando Mariana chegou, ela estava com uma aparência preocupada. Contou que o filho "passou mal do estômago" e que teve de ir ao pronto-socorro. Ressaltou que havia levado uma "bronca" da médica por não estar cuidando para que ele fosse ao banheiro todos os dias. Contou também que o Felipe estava cada vez mais apegado a ela, talvez porque era chamado de "gordo" por outra criança na escola.

Apesar da hipótese de Mariana, decidi compartilhar com ela a impressão que eu tive de que o Felipe é um menino muito sensível e preocupado com as pessoas ao seu redor. Ela logo confirmou essa impressão e disse que sua mãe chorava muito na frente dele devido à briga que teve com o filho, que a faz sofrer demais.

A própria Mariana sugeriu que ela deveria fazer terapia e me perguntou se eu poderia atendê-la. Respondi que o ideal seria que ela fosse atendida por outra pessoa e que pensaria em alguém para indicar.

Em seguida, comentei também que talvez a recusa do Felipe em ir à escola pudesse revelar o medo que ele estava sentindo de ter de enfrentar o mundo – que causa problemas e sofrimentos para os outros – sozinho. Além disso, agora que ele iniciou o processo de psicoterapia, sua ansiedade diminuiu, o que pode indicar que a sensação que ele estava vivenciando começou a ser identificada e nomeada. Parece que ele sente medo e começou a expressar esse sentimento com maior clareza.

Ressaltei que isso parecia ser um avanço, porque a possibilidade de identificar o que ele sente permite ajudá-lo a lidar com esse sentimento com mais facilidade. Para isso, sugeri que ela poderia incentivá-lo a ir à escola, dizendo-lhe, por exemplo, que poderia pedir à professora que ligasse para ela quando ele se sentisse inseguro, ou, ainda, incentivando-o a levar um objeto ou um brinquedo que ele pudesse segurar quando sentisse saudades e, assim, se lembrasse de casa.

Mariana entendeu e aceitou bem as orientações, mas durante toda a sessão parecia muito preocupada. Disse também que "cuida dele a todo momento e que brinca com ele sempre que estão juntos".

Tanto o esclarecimento sobre a sensibilidade e a preocupação de Felipe em relação às pessoas que cuidam dele como as orientações em relação a como proceder com a escola pareceram acalmá-la. A questão da relação dele com o pai ficou em segundo plano durante essa sessão.

19/12/2013

SÉTIMA SESSÃO COM FELIPE: A DESTRUIÇÃO DO SONHO COMO SEGUNDO TEMA RECORRENTE

Felipe chegou bem animado e trouxe um brinquedo para jogarmos na sessão. Era a versão mais nova do banco imobiliário. Quando ele tinha alguma dúvida, saía da sala para perguntar à sua mãe. Até chegou a pedir para que ela entrasse e o ajudasse a carregar os cartões. Eu disse que não precisava.

No jogo, ele derrubou meu boneco algumas vezes, agredindo e dizendo que ele tinha morrido. Depois, quis fazer outra coisa. Mostrei os desenhos que tínhamos feito na sessão anterior. Sugeri que poderíamos fazer uma ponte entre o desenho que representava o "mundo do Felipe" e o desenho que representava o "mundo da Carla" e comecei a mostrar como ela poderia ser feita, mas ele não mostrou muito interesse. Quis brincar com a casinha.

Dessa vez, ele ficou engajado na história por um tempo mais longo. Ele era um bebê marciano que caía do telhado da casa e eu o socorria. Deixou que eu cuidasse dele. Disse que seu braço estava quebrado e nós fomos ao médico. Ele se alimentou, ficou na cama descansando, mas quando íamos voltar ao médico ele fugiu para a lua. Fui atrás dele e o reencontrei. Levei-o de volta para casa e ele disse que estava com medo de um ataque de meteoritos e se escondeu. Ele fez três ataques seguidos, sacudindo a casinha, e eu tentei protegê-lo. Ele disse que os ataques tinham furado todo o telhado e eu falei que a gente poderia consertar. Nesse momento, ele perdeu o interesse pela brincadeira.

Ele pediu para fazer um calendário na cartolina que poderia ser pendurado, para que eu soubesse quando ele viria. Nós fizemos e, como eu entendi que ele estava desorientado em relação ao tempo das férias, mostrei a data de hoje, quando seria o natal, o dia em que eu voltaria de férias e quando ele iria viajar. Novamente, ele quis sair para perguntar à mãe quando ele voltaria de férias e eu o impedi, dizendo que poderíamos perguntar depois.

Enquanto ele olhava para os desenhos da sessão anterior, disse que o meu desenho estava mais bonito porque era uma casa e o dele, um prédio. Eu perguntei se ele gostaria de desenhar mais alguma coisa e ele pediu para fazer outro desenho, com os mundos de cada um na mesma cartolina. Eu fiz uma casa de campo. Ele perguntou se eu tinha uma casa de campo e eu disse que não, mas que gostaria muito de ter. Ele fez um prédio e disse que sempre quis morar no último andar. Falou que morava sozinho e que era veterinário, contou que gostava de animais e que tinha um cachorro. Pediu emprestados os lápis que eu estava usando para fazer uma árvore parecida com a que eu tinha feito. Ele não conseguiu fazer e ficou chateado. Eu, então, me ofereci para terminar sua árvore. No final, ele disse que seu prédio tinha asas para voar até meu campo e pousar em cima da minha casa. Pediu para que eu me desenhasse e insistiu para que eu fizesse uma fisionomia triste por ter tido a minha casa destruída.

Eu fiquei sem reação, tentando compreender o sentido desse gesto do Felipe. Ele pediu para levar o desenho para casa. Na sala de espera, mostrou para a mãe e contou a história de que o prédio dele iria destruir minha casa. Mostrou também o calendário e eu expliquei a ela que ele estava querendo saber sobre as datas. Ele pediu para ela que as sessões fossem mais longas e me abraçou.

Quando ele foi embora, percebi que estava sentindo muito calor e que estava exausta.

15/1/2014
SEGUNDA SESSÃO DE ORIENTAÇÃO COM A MÃE

Mariana chegou à sessão de orientação dizendo que estava estranhando a casa vazia, já que o filho e a mãe estavam viajando. Ela contou que ele estava muito agressivo e desobediente. Disse que ontem sua mãe ligou do hotel onde estão hospedados, falando que havia pedido a ele que desligasse o iPad e que o neto havia se recusado. A avó, então, pegou o iPad da mão dele e Felipe agarrou seu pescoço. A avó bateu nele. Mariana contou que esses acontecimentos são recorrentes. Disse que está pensando em ler mais sobre limites. Esse comentário me causou certo incômodo, já que poderíamos conversar sobre limites na sessão, mas ela adotou a postura de que poderia resolver esse problema por conta própria, sozinha. Relatou também que ele se recusou a voltar para a escola no final do ano passado. Ela então decidiu mudá-lo de escola. Disse que não estava satisfeita com a outra escola porque ele contou que tinha sido chamado de gordo por um amigo e que a escola era longe. Ele se negou a vestir o uniforme da nova escola e falou que não ia. Ela contou que está muito aflita sobre como agir quando começarem as aulas e pareceu impotente diante dessa situação. Também me senti incomodada com sua decisão de mudar o Felipe de escola sem comunicar ao filho e tampouco sem aproveitar a sessão de orientação para ponderar se essa seria a melhor decisão. Porém, como o vínculo com ela ainda estava sendo construído, optei por não verbalizar a maneira como as suas atitudes me afetam e como é possível que afetem seu filho de maneira semelhante.

Comentei novamente a compreensão que havia compartilhado na sessão de orientação anterior. Contudo, quando ia falar sobre a ansiedade que ele apresentava, ela me interrompeu para ressaltar que ele não estava mais mordendo as camisas. Continuei e disse que essa era uma forma de conter o que ele estava sentindo e que agora ele estava "colocando para fora".

Ela me contou que estava pensando em fazer um quadro da *Supernanny*[9] com a rotina do dia. Incentivei essa ideia, acrescentando que ele parece pedir uma rotina nas sessões, já que procura fazer as mesmas atividades em todas elas.

---

9. *Supernanny* é um programa de TV no qual a personagem era chamada para ajudar famílias, que enfrentavam dificuldades na relação com seus filhos. Após observar a dinâmica familiar, ela costumava propor aos pais que eles adotassem algumas regras, como, por exemplo, um quadro com os horários das atividades familiares. A ideia dessa técnica era que a rotina familiar pudesse ser definida e obedecida pela criança.

Perguntei se no prédio onde eles moram havia crianças da idade do Felipe e ela disse que não e que ele ficava muito envolvido com iPad e videogames. Sugeri que ela limitasse o tempo que ele fica nesses aparelhos e que incentivasse o contato com outras crianças.

Perguntei sobre sua mãe e ela disse que tentou falar com muito cuidado que ela precisava de terapia. Contou que um amigo, que é espírita, lhe disse de maneira bastante direta que o problema do Felipe era ela, porque ela estava muito triste e era uma pessoa muito "carregada". Ele sugeriu que ela fosse a um centro espírita com ele. Parece que a mãe ficou tocada com esse comentário e Mariana falou que agora no começo do ano vai voltar a insistir para que ela se cuide. Comentou que a mãe entende sua preocupação como uma acusação de que ela se faz de vítima ao dizer que todos os problemas do Felipe são por causa dela.

Nessa hora, Mariana disse que não consegue cuidar de todo mundo. Falei que devia ser difícil mesmo e que seus problemas deviam ficar em segundo plano. Ela riu e confirmou, mas se mostrou resignada.

Depois, ela contou que Felipe havia falado com o pai no final do ano. Perguntei se foi o pai quem quisera falar. Ela disse que não. Contou que foi ela quem ligou e pediu. Disse-lhe que como ela é "muito legal" com ele, ele nunca se nega a fazer nada do que ela pede. Contou sobre a mudança de escola. O pai questionou, lembrou-se do nome dos amigos de Felipe e perguntou se eles iriam junto. Ela respondeu que não e, depois de explicar seus motivos, ele a apoiou.

Quando ela repetiu os motivos que a fizeram decidir mudar o filho de escola, comecei a entender melhor sua decisão. Como a escola ficava muito longe de sua casa e era a sua mãe quem o levava e buscava todos os dias, esta estava muito cansada. Optara por essa escola, apesar da distância, porque achava que era muito boa. Porém, como estava tendo alguns problemas, não considerava mais que esse esforço valia a pena. Percebi que, talvez, ela estivesse muito acostumada a tomar decisões e a resolver problemas sozinha e, por isso, a comunicação do seu processo de tomada de decisão não fosse tão clara.

Em seguida, ela comentou: "A gente começou tudo isso por causa dessa história com o pai e não é nada disso que está aparecendo". A partir desse comentário, decidi abordar o tema que Felipe vinha expressando nas sessões sobre o "sonho destruído", pois fiquei com a impressão de que ela estava constantemente se esquivando da responsabilidade pelo sofrimento do filho. Em um primeiro momento, o responsável, segundo ela, seria o pai, que não queria conhecer o filho, mas, no decorrer do processo, a responsável passou a ser a avó.

Falei que achava que não era bem assim, que de certo modo ela tinha um sonho com o pai do Felipe que não se realizou, e que ele percebia isso. Comentei que eu achava que quanto mais ela conseguisse refazer seus sonhos, melhor ela poderia contar essa história para o filho. Só assim a impressão que ele tem de que ele não permitiu que o sonho dela se realizasse poderia mudar.

Nesse momento, senti que a atmosfera da sala mudou e o clima ficou mais pesado. Fiquei na dúvida se tinha sido assertiva ou se havia falado coisas que ela ainda não estava preparada para ouvir, talvez motivada pela irritação que sua postura de autossuficiência havia provocado em mim. Ela não demonstrou nenhuma emoção, mas logo falou que o Felipe era tudo em sua vida e que ficava com pena que ele pudesse se sentir dessa maneira.

Nós começamos, então, a falar sobre o que ela poderia fazer para si mesma, como voltar a ir ao cinema e se relacionar novamente, mas ela se mostrou resistente dizendo que o pouco tempo livre que tinha preferia ficar com o filho. Disse novamente que está estranhando muito encontrar a casa vazia nessa semana em que ele está viajando e encerrou o assunto dizendo: "Só não vá me dizer que preciso arrumar um namorado para ajudar o Felipe!"

No final, comentei que falamos de várias coisas importantes e que, para não ficar confuso, eu gostaria de resumir dizendo que quanto mais ela e sua mãe pudessem se cuidar e ficar bem, melhor ficaria a atmosfera da casa e mais fácil seria para Felipe ficar tranquilo e confiante.

Reforcei também a importância dos limites e ofereci uma série de sugestões mais concretas, pois senti que é o que ela precisa para se orientar. Disse que, quando ele for agressivo, ele precisa ser contido, mas não é preciso bater ou gritar. É importante ajudá-lo a verbalizar o que ele quer.

Ela se levantou quando ainda faltavam cerca de dez minutos para o final da sessão e nos despedimos. Permaneci por algum tempo com uma sensação de dúvida sobre o que ela sentiu quando comuniquei o sofrimento do filho.

22/1/2014
NONA SESSÃO: A RECONSTRUÇÃO DO SONHO NO LUGAR DE ADULTO COMO TERCEIRO TEMA RECORRENTE

A avó veio acompanhando a mãe e o Felipe porque iriam direto para o shopping comprar o material escolar. Ela estava curiosa para me conhecer. Felipe entrou e comecei a perguntar sobre suas férias. Ele enfatizou que não quis participar da recreação do hotel. Viu meu iPhone e falou que queria um, e eu comentei que sua mãe havia contado que ele brincava muito com o iPad. Perguntei se havia crianças no prédio para ele brincar e ele não respondeu. Falou que a mãe comprou um calendário para ele e explicou que tem um quadro da *Supernanny*. Comentei também sobre a mudança de escola, falei que não sabia. Ele disse que já sabia. Perguntei como ele estava se sentindo e ele disse que estava triste. Perguntei se ele iria sentir falta do melhor amigo e ele respondeu que o menino ia se mudar para a Disney.

Durante a conversa, ele ficou andando pela sala e olhando para os brinquedos. Então, perguntei se ele queria brincar, ao que ele disse que sim.

Peguei a casinha. A história encenada foi bem longa e, pela primeira vez, teve um desfecho que revelava uma experiência de esperança. O boneco dele começou no telhado, jogando-se. Eu fiz o que sempre fazia, tentei socorrê-lo. Levei-o para o hospital, mas ele fugiu. Voltou e se jogou de lugares ainda mais altos. Tentei segurá-lo, mas, algumas vezes, não consegui, porque ele se jogava com força. Pedi, então, para que ele se jogasse com mais calma e eu o segurei e evitei a queda algumas vezes, mas ele não demonstrou interesse e voltou para o telhado. Quando percebi que essa postura de salvadora não provocava nenhum novo movimento em Felipe, decidi experimentar outra intervenção. Falei de maneira firme para que ele descesse do telhado e tivesse mais cuidado consigo mesmo.

Essa fala parece ter surtido efeito porque ele disse que estava só tentando consertar o telhado e que iria descer com cuidado, o que de fato fez. Eu, então, reagi com surpresa pela sua capacidade de consertar o telhado e de ter tomado cuidado consigo mesmo e o elogiei bastante, confirmando o movimento que ele havia sido capaz de realizar.

Ele ficou muito satisfeito e disse que ia dormir, mas que se algo quebrasse eu poderia chamá-lo e assim eu fiz, repetidas vezes. Até que ele sugeriu que poderia abrir uma loja e trabalhar com isso. Encenamos a loja e, por repetidas vezes, um boneco, interpretado por mim, entrava e pedia para que ele consertasse ou construísse algo de madeira, já que ele demonstrava interesse especial em consertar coisas da casa. Depois, apareci com um boneco pedindo para ser seu ajudante e ele foi muito receptivo. Continuamos fazendo os consertos juntos.

Depois de vários consertos, ele voltou para casa com o amigo e era muito atencioso. Porém, numa brincadeira de pular na cama, ele começou a jogar seu boneco e eu novamente intervi, colocando limites de maneira enfática. Ele reagiu de maneira agressiva, dizendo que iria me dar uma martelada. Insisti e falei que ele não poderia brincar com coisas que machucassem. Nesse momento, ele retomou a brincadeira com o amigo e ambos foram para a loja novamente, onde ele continuou consertando as coisas das pessoas.

2/4/2014

TERCEIRA SESSÃO DE ORIENTAÇÃO COM A MÃE

Mariana estava com uma aparência cansada e eu falei isso a ela. Ela disse que estava passando um período difícil porque precisou demitir muitas pessoas na empresa em que trabalhava. Ficamos um tempo conversando sobre isso, pois parecia ser um tema que a estava mobilizando. Contou que sonhou que estava dando uma pílula e que as pessoas morriam. Perguntei se ela estava se sentindo responsável pelas demissões e ela respondeu que sim, porque de certa maneira ela tem o poder de decidir quem vai ser demitido ou não. Disse que um diretor que foi demitido tem um filho da idade do Felipe e que, ao vê-lo, ela se sentiu muito mal.

Perguntei se ela não poderia tirar uns dias de férias, porque parecia que ela precisava descansar. Ela me respondeu que ia aproveitar o próximo feriado para ir a uma cidade no Sul do país. Contou que, quando estava grávida do Felipe, ela sonhou com uma santa e descobriu que ela existia e que a igreja dela ficava nessa cidade. Como o Felipe estava com dificuldade para se adaptar na nova escola, ela fez a promessa de que, se ele conseguisse se adaptar, ela iria até lá.

Contou que ficou muito estressada nesse período da adaptação e que chegou até a ter queda de cabelo. Comentei com ela que, naquela época, Felipe estava se expressando de maneira bastante intensa, mas que ela conseguiu se manter firme, o que era muito importante. Ela disse que só ela sabia como estava por dentro. Relatou que é muito difícil ser firme com o filho. Ela via "as mãozinhas dele estendidas para ela e ele chorando", sem que pudesse fazer nada. Disse que a lembrança dessa cena é muito dolorosa.

Ressaltei a importância de ela ter consciência de que foi capaz de agir com firmeza e que conseguiu cuidar bem dele dessa forma. Comentei que nas sessões ele também parecia reagir bem aos limites. Dei como exemplo o que acontece nas brincadeiras. Contei que muitas vezes ele interrompia as atividades e que, a partir do momento que eu comecei a falar de maneira firme, as brincadeiras puderam ir até o final. Deixaram de ser atividades que não alcançavam um sentido. Ressaltei, então, a minha impressão de que o limite o ajudava a se organizar.

Ela falou também do pai de Felipe. Disse que agora ele não fala mais desse assunto com ela, só com a avó, e pareceu aliviada com isso. Ela parecia estar cansada demais para lidar com essa questão no momento. Disse que só vai falar desse assunto se ele perguntar.

Eu disse que havia notado que Felipe tinha facilidade com matemática e ela pareceu bem interessada. Comentou que está procurando uma arquiteta para reformar o quarto dele, que está com "cara de quarto de bebê", para que ele possa voltar a dormir lá. Atualmente, ele dorme com a avó. Ela contou que ele queria uma cama de casal e eu a alertei a não colocar nada que não fosse adequado para uma criança, porque muitas vezes ele age como se fosse um adulto e precisa retomar seu lugar. Ela entendeu e concordou.

No final, fiz uma síntese das orientações e ela já estava inquieta para se levantar havia alguns minutos. Novamente, a sessão durou menos que o habitual: foram cerca de 45 minutos.

30/4/2014
DÉCIMA SEXTA SESSÃO: A EXPERIÊNCIA DE DESAMPARO NO LUGAR DE CRIANÇA

Deixei um calendário preparado com os dias desde a última sessão em que ele esteve aqui. Achei que seria interessante, pois seria uma maneira de ajudá-lo a me contar o que tinha acontecido no feriado que passou e o que ele faria no próximo. Antes de entrar, ele perguntou se poderia trazer o iPad junto e eu neguei.

Quando ele viu o calendário, pareceu interessado, mas não conseguiu se concentrar no que eu estava falando, pois estava muito agitado. Mostrei quando tinha sido a última vez que ele tinha ido ao consultório, o dia de hoje e o feriado, e perguntei o que ele tinha feito. Ele me falou que tinha ido viajar e perguntei com quem. Contou que foi com a mãe, a avó, o tio e a tia. Perguntei quando ele tinha voltado e ele quis marcar três dias depois. Perguntei se ele tinha ficado feliz ou triste nesses dias e ele começou a repetir: "Feliz; não, triste; não, feliz; não, triste..." Eu disse que estava confusa e pedi para ele desenhar, e ele fez um boneco com a boca em linha reta.

Depois, disse que queria brincar com a casinha e deixar para mexer no calendário no final. Peguei um boneco de uma senhora e disse que tinha ido visitar meus netos. Ele falou que não, que eu era só uma pessoa que estava passando na rua e começou a me bater. Minha boneca tentou segurá-lo e falou que se ele estava com raiva ele poderia bater na almofada. Levantei e peguei a almofada.

Ele bateu com força. Perguntei por que ele estava com tanta raiva e ele disse que não era ele quem estava com raiva, mas a boneca. Perguntei para a boneca e ela bateu na boneca que eu estava segurando. Continuei tentando conter a boneca dele. Enquanto batia, ele dava uma risada de maneira nervosa.

Então, ele pegou a boneca de uma menina e a colocou em cima do telhado, e disse que precisava de ajuda. Fui ajudá-la e perguntei quantos anos ela tinha. Ele disse que tinha 1 ano e perguntei onde estavam seus pais. Ele respondeu que tinham saído e falei que uma criança de 1 ano não podia ficar sozinha, que eu ficaria ali até os pais chegarem. Essa foi a primeira vez que ele escolheu ser uma criança na brincadeira.

Ele gostou da ideia. Pegou um boneco que era o vizinho e disse que ia chamar os pais. Eles voltaram para casa e falei firme com eles que não podiam agir daquela forma. Fui embora e a boneca voltou para cima do telhado e me chamou. Os pais tinham ido até o supermercado e deixado a criança sozinha novamente. Falei para o Felipe que parecia que a criança não podia confiar nos pais e que ela devia se sentir sozinha e desprotegida.

Ele concordou, dizendo que eu adivinhara o que ele estava pensando. Perguntei se ele se sentia dessa forma e ele disse que não. Eu disse: "Puxa, mas eu estava adivinhando tudo...", ao que ele deu risada, dessa vez mais calmo.

Depois, ele quis jogar banco imobiliário. Estava mais calmo, me ajudou nas jogadas e quis me mostrar como sabia fazer contas. Eu o lembrei de que ele era muito bom de contas. Disse que me lembrava da sessão na qual brincamos de escola e ele conseguiu fazer várias contas de cabeça.

Durante o jogo, conseguimos conversar sobre a viagem que ele vai fazer para a Disney. Ele me falou que seria dali a três semanas. Contou sobre o Joaquim, seu melhor amigo junto com outro menino. Ele perguntava se as ruas do jogo eram próximas de meu consultório, pois só queria comprar as que eram próximas, e eu falei que ficava feliz com isso. Contou-me que seu celular tinha quebrado. Essas falas nas quais ele compartilhava seus interesses e experiências eram muito raras e, por isso, foram significativas para mim, porque ele estava mais tranquilo e disponível para o diálogo.

Avisei quando estava acabando e fomos para o calendário. Perguntei o que ele faria no dia seguinte, que seria feriado. Ele não sabia e nos despedimos.

21/5/2014
QUARTA SESSÃO DE ORIENTAÇÃO COM A MÃE

Mariana parecia mais animada e calma do que de costume. Estava com o cabelo diferente e eu comentei. Ela me disse que queria mudar a cor e me mostrou um aplicativo no qual viu o cabelo que queria. Em seguida, contou-me que o Felipe, na sexta-feira, havia pedido para dormir em seu próprio quarto. Ela disse que ele vinha dormindo com sua mãe e que esse pedido foi inesperado, pois ela estava se preparando para reformar o quarto dele como estratégia para incentivá-lo a dormir sozinho. Ele vem dormindo no próprio quarto até hoje.

Compartilhei com ela a minha percepção de que ele estava bem mais aliviado, porque parecia no começo preocupado com a avó e a mãe e, agora, as emoções dele apareciam mais em suas histórias. Disse que a ausência do pai e as emoções que essa ausência desperta começaram a aparecer. Contei que ele parece se sentir culpado pelo fato de o pai não estar por perto. Relatei o enredo da história da última sessão, em que Felipe escolheu um boneco e disse que era uma criança de 10 anos, o que foi surpreendente. Nessa história, que ele encenou sozinho, a mãe fez o almoço e, na hora de comer, disse que estava faltando o pai. Ele, então, escolheu um boneco para ser o pai. Durante o almoço, seu personagem comia toda a comida, repetidas vezes. Até que o pai ficou bravo e chamou a polícia, que o prendeu. Em seguida, a mãe também foi presa.[10]

Mariana disse que se sente mal com isso, porque tenta compensar de todas as formas a ausência do pai. Eu disse que seria importante ela perceber se essa história ainda despertava alguma emoção nela para, quando fosse conversar com Felipe, poder falar com tranquilidade e reconhecer sua responsabilidade nas escolhas que fez. Fiquei com a impressão de que essa orientação ficou muito abstrata e pareceu não fazer sentido para Mariana. Pensei depois que deveria ter dito que ela não iria conseguir salvar o Felipe e evitar que ele sofresse, não só em relação ao pai, mas ao longo da vida. E que talvez fosse importante ela se libertar dessa exigência que ela parece se impor.

Ela respondeu que sempre se esforça para não falar mal do pai. Então, passei a investigar aspectos mais concretos e perguntei quando ela vira o pai dele pela última vez. Ela respondeu que

---

10. Apesar da recomendação usual sobre os cuidados em relação ao sigilo do que a criança fala, muitas vezes compartilhar a história que a criança construiu parece ser a melhor maneira de favorecer a empatia entre pais e filhos. A reação dos pais costuma ser muito mais emotiva quando estes ouvem as histórias que ilustram a experiência dos filhos do que quando ouvem apenas a compreensão que o psicoterapeuta construiu com base no contato com a criança.

foi recentemente, pois teve de entregar alguns documentos para ele assinar, para que o Felipe pudesse viajar. Ao relatar os acontecimentos desse dia, ela se lembrou de que a mãe havia passado mal do intestino e que o Felipe ligou para avisá-la. Mariana, então, contou que só o viu no carro, muito rapidamente, mas que, por mensagem, ele perguntou se ela queria ir jantar com ele. Perguntei se ela não sentia nada quando o encontrava, ou se sonhava em poder ficar com ele. Ela contou que até o começo do ano ainda o idealizava muito, mas que agora só o trata bem porque sabe que vai precisar dele até o Felipe completar 18 anos. Perguntei se ela associava essa mudança a algum fator e ela disse que não, que deu um clique nela. Questionei então se ela tinha conhecido alguém, ao que ela respondeu: "Ah, deve ser isso! Tem uma pessoa". Mariana contou que essa pessoa tem um cargo alto na empresa onde trabalha e que o poder é algo que sempre a atraiu. Por outro lado, essa pessoa também tem os mesmos valores que ela, pois sabe que o trabalho é só um meio para garantir o sustento e não é o que dá sentido à vida. Ao contrário do pai de Felipe, que é uma pessoa que se deixou seduzir pelo poder que tem.

Ela relatou que ele vem se aproximando e que ela está com muito medo. Na última sexta-feira, saiu do trabalho correndo e tem evitado situações nas quais pode ficar sozinha com ele. Comentei que ela deve ter medo de passar pelo que passou com o pai do Felipe e ela concordou – disse que sofreu muito na gravidez por estar sozinha. Perguntei se ela pensava em se casar e ela disse que não consegue se imaginar tendo de dar satisfação para outra pessoa. Eu disse que ela parece mesmo ser uma pessoa muito resolutiva, que quando percebe que algo precisa ser feito vai e faz, e que deve ser difícil pensar em consultar e negociar com outra pessoa.

Ela concordou, mas disse que começou a pensar que seria bom ter alguém para ajudá-la. Disse que ela teve de cuidar da mãe, dela mesma e do Felipe todo esse tempo e que seria bom ter uma ajuda. Aconselhei-a de que seria importante discriminar se o medo que ela sente é um sinal de alguma coisa que ela percebeu nessa pessoa que pode fazê-la sofrer, ou se é um medo que a está impedindo de aproveitar algo novo.

Nesse momento, comentei sobre a possibilidade de ela fazer terapia. Ela disse que tem vontade, mas por enquanto não pretende fazer, porque nesse ano está com muitos gastos – citou a terapia do Felipe como exemplo. Ela, então, levantou-se e, como de costume, encerrou a sessão antes de dar uma hora.

ANÁLISE DO PROCESSO TERAPÊUTICO DE FELIPE

HETEROSSUPORTE: OS CUIDADOS QUE SUSTENTARAM O DIÁLOGO CONSTITUTIVO COM FELIPE

Grande parte de meu interesse em pesquisar e entender melhor o processo do contato foi motivado pelas experiências com crianças que apresentavam um movimento nas sessões muito semelhante ao de Felipe. Em muitos casos, elas revelavam um comportamento agitado, que as impedia de concluir uma experiência antes que esta pudesse alcançar e comunicar um sentido.

Esse movimento é muito bem ilustrado por Felipe, uma vez que ao longo do processo ele demonstra sua dificuldade de se concentrar em uma atividade ou brincadeira. Sua atenção percorre diferentes estímulos, o que promove experiências fragmentadas. Suas experiências não são concluídas em seus ciclos de contato e, dessa forma, não comunicam sua necessidade. Essa comunicação precisou ser sustentada pelo heterossuporte oferecido por mim, que envolveu movimentos com diferentes características.

Em um primeiro momento, a intenção de prestar atenção aos movimentos interrompidos de Felipe parece ser um cuidado importante. No caso dele, a ansiedade expressa por sua agitação impedia que sua experiência pudesse ser vivida em seus ciclos de contato com autonomia. Assim, por meio da atenção aos seus movimentos interrompidos, o diálogo constitutivo começa a se estabelecer, na medida em que é possível identificar de que forma Felipe expressa o impasse que vivencia em seu processo de desenvolvimento. As cenas a seguir revelam como a atenção aos movimentos interrompidos da criança pode representar um cuidado que favorece o início do estabelecimento do diálogo constitutivo com a criança, na medida em que a forma como ela expressa o impasse é identificada.

Felipe chegou aparentando ansiedade para brincar. Pediu a casinha, [...]. Minha intenção, desde o começo da sessão, era permitir que ele seguisse seu interesse e, ao mesmo tempo, ajudá-lo a concluir ou viver uma experiência [...]. No entanto, sua atenção, no começo da sessão, parecia dispersa e direcionada a várias possibilidades de atividades.

Quando ele viu o calendário, pareceu interessado, mas não conseguiu se concentrar no que eu estava falando, pois estava muito agitado.

Além disso, a atenção aos movimentos interrompidos de Felipe parece ter sido um cuidado que cumpriu uma segunda função no suporte para o diálogo constitutivo: permitiu identificar quando um brinquedo ou uma atividade mobilizava sua atenção, conforme ilustrado nas cenas a seguir.

[...] quis fazer outra coisa. Mostrei os desenhos que tínhamos feito na sessão anterior. Sugeri que poderíamos fazer uma ponte entre o desenho que representava o "mundo do Felipe" e o desenho que representava o "mundo da Carla" e comecei a mostrar como ela poderia ser feita, mas ele não mostrou muito interesse. Quis brincar com a casinha.

Dessa vez, ele ficou engajado na história por um tempo mais longo.

Durante a conversa, ele ficou andando pela sala e olhando para os brinquedos. Então, perguntei se ele queria brincar, ao que ele disse que sim.

Conforme Felipe encontrava uma brincadeira que lhe permitia começar a comunicar a necessidade que vivenciava, novos cuidados que ofereciam heterossuporte para a expressão dessas necessidades foram necessários. A participação na brincadeira com Felipe era norteada pela intenção de empatizar e compartilhar a sensação expressa por ele, além de oferecer o cuidado de que ele necessitava, com a intenção de sustentar seu ciclo de contato. A ação afetiva permitiu, portanto, que a experiência de Felipe pudesse se manter em movimento até que o diálogo se estabelecesse.

As cenas que se seguem pretendem ilustrar o heterossuporte, entendido a partir dos cuidados citados anteriormente (atenção aos movimentos interrompidos, empatia e ação afetiva), e a maneira como esses cuidados sustentaram as experiências de Felipe em seus ciclos de contato, favorecendo a assimilação de experiências constitutivas.

Até que começou a criar algumas cenas. Participei da brincadeira encenando uma das personagens [atenção aos movimentos interrompidos]. Primeiro ele pegou duas bonecas e disse que eram amigas. Uma delas subiu no telhado da casa e morreu do coração. Ele ficou segurando a boneca no alto, como se ela tivesse ido para o céu. Com a minha boneca, comecei a rezar e a boneca dele voltou. Fui então abraçá-la, mas ela morreu novamente [ação afetiva]. O boneco de um bebê estava ao lado e ele disse que era um bebê que estava na rua. Com minha boneca, peguei o bebê, levei-o para casa e cuidei dele [empatia e ação afetiva]. Enquanto isso, Felipe ficava muito atento a essa cena. Ele pegou a boneca que tinha morrido, disse que era um zumbi, atacou a minha boneca e o bebê e falou que eles também haviam se transformado em zumbis [a necessidade se retrai e a experiência é comunicada].

Enquanto ele olhava para os desenhos da sessão anterior, disse que o meu desenho estava mais bonito porque era uma casa e o dele, um prédio. Eu perguntei se ele gostaria de desenhar mais alguma coisa e ele pediu para fazer outro desenho, com os mundos de cada um na mesma cartolina *[atenção aos movimentos interrompidos]*. Eu fiz uma casa de campo. Ele perguntou se eu tinha uma casa de campo e eu disse que não, mas que gostaria muito de ter *[ação afetiva]*. Ele fez um prédio e disse que sempre quis morar no último andar. Falou que morava sozinho e que era veterinário, contou que gostava de animais e que tinha um cachorro. Pediu emprestados os lápis que eu estava usando para fazer uma árvore parecida com a que eu tinha feito. Ele não conseguiu fazer e ficou chateado. Eu, então, me ofereci para terminar sua árvore *[ação afetiva]*. No final, ele disse que seu prédio tinha asas para voar até meu campo e pousar em cima da minha casa. Pediu para que eu me desenhasse e insistiu para que eu fizesse uma fisionomia triste por ter tido a minha casa destruída *[a necessidade se retrai e a experiência é comunicada]*.

O boneco dele começou no telhado, jogando-se. Eu fiz o que sempre fazia, tentei socorrê-lo. Levei-o para o hospital, mas ele fugiu. Voltou e se jogou de lugares ainda mais altos *[ação afetiva]*. Tentei segurá-lo, mas, algumas vezes, não consegui, porque ele se jogava com força. Pedi, então, para que ele se jogasse com mais calma e eu o segurei e evitei a queda algumas vezes, mas ele não demonstrou interesse e voltou para o telhado. Quando percebi que essa postura de salvadora não provocava nenhum novo movimento em Felipe, decidi experimentar outra intervenção *[empatia]*. Falei de maneira firme para que ele descesse do telhado e tivesse mais cuidado consigo mesmo *[ação afetiva]*. Essa fala parece ter surtido efeito porque ele disse que estava só tentando consertar o telhado e que iria descer com cuidado, o que de fato fez. Eu, então, reagi com surpresa pela sua capacidade de consertar o telhado e de ter tomado cuidado consigo mesmo e o elogiei bastante, confirmando o movimento que ele havia sido capaz de realizar [a necessidade se retrai e a experiência é comunicada].

Observamos que a presença do cuidador está inteiramente voltada para a intenção de sustentar ou ajudar a criança a vivenciar sua necessidade para que sua experiência possa comunicar um sentido. No momento em que a comunicação foi estabelecida, foram identificados dois fenômenos que se apresentaram de forma recorrente: Felipe relaxava, se retraía do contato e eu me sentia afetada pela experiência. Os trechos a seguir ilustram esse momento de retração da criança e a forma como fui afetada pela comunicação da necessidade de Felipe.

Nesse momento, fez um gesto, recuou e pareceu relaxar, o que demonstrou para mim que seu interesse pela atividade havia se esgotado. Eu estava me sentindo muito impactada pela história que havia sido criada.

Eu fiquei sem reação, tentando compreender o sentido desse gesto do Felipe [...] Quando ele foi embora, percebi que estava sentindo muito calor e que estava exausta.

[...] ele deu risada, dessa vez mais calmo.

A comunicação da experiência de Felipe havia sido estabelecida, o que era evidenciado pela possibilidade de construir uma narrativa do que foi vivido. A construção da narrativa, que era representada pela iniciativa de escrever a experiência vivida na brincadeira, despertava o interesse dele e também contribuía para minha compreensão acerca de sua necessidade. O trecho que segue ilustra a narrativa que foi construída com base em uma das primeiras experiências constitutivas vividas ao longo do processo.

Era uma vez uma menina que conheceu uma amiga, que caiu do telhado, morreu do coração e foi para o céu. Quando a menina estava rezando por ela, ela voltou do céu. A menina foi abraçá-la, mas ela morreu de novo. De repente, a menina achou um bebê na rua e o pegou, levou-o para casa, deu banho e deu de mamar. Até que apareceu um zumbi, que transformou a mãe e o bebê em zumbis.

Talvez seja importante comentar que ao longo do processo as narrativas foram gradualmente dispensadas, já que a comunicação que se estabelecia nas experiências constitutivas ficava progressivamente mais clara e seu sentido podia ser alcançado mesmo sem esse recurso.

A comunicação do sofrimento de Felipe e o heterossuporte que favoreceu esse processo estão representados na figura a seguir.

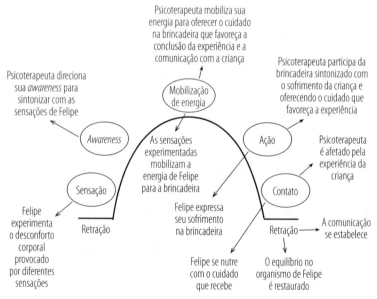

Figura 7 – Experiências constitutivas no processo terapêutico de Felipe.

A CONSTRUÇÃO DO RACIOCÍNIO CLÍNICO: O SENTIDO DA ANSIEDADE DE FELIPE

As experiências constitutivas revelaram não só o impasse que Felipe enfrentava em seu processo de desenvolvimento, mas também o sofrimento familiar, o sofrimento do campo. As narrativas que foram comunicadas nas duas primeiras experiências (zumbis e morte e destruição de um sonho), ao que tudo indica, revelavam um sofrimento que teve origem em acontecimentos dos quais ele não participou, pois ocorreram antes de seu nascimento.

Além das comunicações com Felipe que revelaram o sofrimento familiar, outro fator que ampliou a compreensão sobre o sofrimento de Felipe foi a forma como Mariana respondeu ao questionário de anamnese[11]. Nele, Mariana descreveu com grande riqueza de detalhes seu próprio estado emocional, enfatizando a solidão, o cansaço e a tristeza que experimentou na gravidez e nos primeiros meses de vida do filho. Por esquecimento ou distração, ela entregou as perguntas relacionadas à conquista da autonomia da criança em branco. Assim, nenhuma informação sobre Felipe foi descrita nesse questionário.

Esse "esquecimento" parece ser mais uma revelação, em conjunto com os temas que Felipe comunicava nas experiências constitutivas, de como seu processo de desenvolvimento estava impedido, não permitindo que ele diferenciasse suas sensações das sensações das pessoas com quem convivia. Dessa forma, Felipe era invadido por um sofrimento que não tinha origem nas suas próprias experiências, mas nas experiências de seus cuidadores.

A dinâmica confluente, nesse contexto, oferece sentido à ansiedade que Felipe experimentava. Por um lado, ele era contami-

---

11. Conforme explicado na introdução deste livro, elaborei um questionário de anamnese que tem como objetivo não apenas investigar os marcadores tradicionais do desenvolvimento, mas também conhecer a qualidade dos cuidados que a criança recebeu ao longo de seu processo de desenvolvimento. Ele foi construído a partir das referências sobre cuidados que consegui evidenciar estabelecendo um diálogo entre a teoria do amadurecimento de Winnicott e a Gestalt-terapia.

nado por sensações das pessoas com quem convivia e, por não ter recursos para diferenciar a energia associada a esse sofrimento, permanecia com elas em seu organismo. Por outro, a energia de suas próprias sensações, que emergiam de suas necessidades, possivelmente, também permanecia retida em seu organismo, considerando que a possibilidade de seus cuidadores sustentarem seus ciclos de contato estava comprometida.

Talvez porque Mariana vivenciasse um vazio dentro de si, por direcionar sua energia prioritariamente para identificar e atender às necessidades de sua mãe, também em um contexto confluente, esta que também parecia apresentar um vazio de si, direcionando sua energia para o cumprimento das tarefas relacionadas ao dia a dia do neto. Estava, assim, caracterizado um círculo vicioso dentro da dinâmica familiar, que perpetuava a precariedade nos ciclos de contato e, consequentemente, a indiferenciação do sofrimento do campo.

Desse modo, na medida em que essa indiferenciação foi comunicada por Felipe por meio das experiências constitutivas, foi possível compreender a urgência de oferecer os cuidados necessários para que a fronteira de contato pudesse ser constituída e, desse modo, o processo de constituição do *self* fosse desobstruído. Ou seja, que ele pudesse se diferenciar, revelando sua singularidade, em um meio indiferenciado.

Assim, a hipótese que norteou o raciocínio clínico e a definição do manejo terapêutico desse caso foi a concepção de que o suporte para a constituição de uma fronteira de contato poderia ajudar Felipe a atravessar o impasse no qual se encontrava em seu processo de desenvolvimento.

O MANEJO TERAPÊUTICO

De acordo com Frank (2001), são as experiências vividas nos ciclos de contato que permitem que a criança comece a se dar conta das propriedades distintas que existem entre ela e o outro. Ou seja, na medida em que a criança se familiariza com suas próprias sensações e assimila um fundo de experiências, ela constitui o suporte que lhe permite perceber as diferenças entre as suas sensações e as sensações das pessoas com quem convive e, portanto, constituir sua fronteira de contato. Nesse sentido, podemos supor que, em um primeiro momento do processo, as próprias experiências constitutivas, que sustentavam os ciclos de contato de Felipe, não só favoreceram a comunicação e a compreensão de sua experiência, conforme apresentada anteriormente, como também permitiram que o processo de constituição de sua fronteira de contato entrasse em movimento. Isso pôde ser observado na rápida mudança dos temas que Felipe comunicava em suas brincadeiras. Ele iniciou o processo comunicando o sofrimento de desesperança do campo e, ao longo das sessões, com a diferenciação que era gradualmente constituída, pôde comunicar um sofrimento que estava relacionado com suas próprias experiências: a comunicação da sensação de desamparo no lugar de criança e, na sessão seguinte, do sentimento de culpa provocado pela fantasia de ser o responsável pelo abandono do pai.

Além disso, foi possível observar também que as experiências constitutivas contribuem para a constituição da confiança na relação terapêutica, o que pode ser observado pelas seguintes reações expressas por Felipe quando ele percebia que suas necessidades haviam sido comunicadas:

Depois dessa brincadeira, ele quis fazer um desenho. Desenhou seu melhor amigo para "toda a vida". Começou o desenho usando meu carimbo e escreveu na primeira página o seu nome e o meu.

Nesse momento, ele pediu para ir ao banheiro e aproveitou para contar à mãe que eu tinha adivinhado o que ele havia pensado.

Ele concordou, dizendo que eu adivinhara o que ele estava pensando. Perguntei se ele se sentia dessa forma e ele disse que não. Eu disse: "Puxa, mas eu estava adivinhando tudo...", ao que ele deu risada, dessa vez mais calmo.

Outro cuidado que também pode ter ajudado no processo de constituição da fronteira de contato de Felipe foram os limites oferecidos nas brincadeiras. Conforme apontam Ajzenberg et al. (1998), eles também ajudam a criança a perceber que suas necessidades são diferentes das do outro. O trecho a seguir ilustra um exemplo de como esse cuidado foi oferecido na relação terapêutica. Mostra também como o limite estimula a criança a realizar um novo movimento, um ajustamento criativo.

> [...] decidi experimentar outra intervenção. Falei de maneira firme para que ele descesse do telhado e tivesse mais cuidado consigo mesmo. Essa fala parece ter surtido efeito porque ele disse que estava só tentando consertar o telhado e que iria descer com cuidado, o que de fato fez.

Ainda em relação ao limite, em um momento posterior do processo terapêutico, ele aparece na tentativa de conter a agressividade de Felipe na brincadeira. Nesse momento, os limites não tinham intenção de reprimir sua agressividade, mas oferecer uma contenção para que Felipe entrasse em contato com sua agressividade, sem que essa experiência o desorganizasse. Assim, em um momento seguinte, ele pôde expressar as sensações relacionadas às suas próprias experiências na brincadeira:

> Então, ele pegou a boneca de uma menina e a colocou em cima do telhado, e disse que precisava de ajuda. Fui ajudá-la e perguntei quantos anos ela tinha. Ele disse que tinha 1 ano e perguntei onde estavam seus pais. Ele respondeu que tinham saído e falei que uma criança de 1 ano não podia ficar sozinha, que eu ficaria ali até os pais chegarem. Essa foi a primeira vez que ele escolheu ser uma criança na brincadeira.

Ele gostou da ideia. Pegou um boneco que era o vizinho e disse que ia chamar os pais. Eles voltaram para casa e falei firme com eles que não podiam agir daquela forma. Fui embora e a boneca voltou para cima do telhado e me chamou. Os pais tinham ido até o supermercado e deixado a criança sozinha novamente. Falei para o Felipe que parecia que a criança não podia confiar nos pais e que ela devia se sentir sozinha e desprotegida.

A CONSTITUIÇÃO DA FRONTEIRA DE CONTATO: DA DIMENSÃO CONSTITUTIVA PARA A DIMENSÃO DO INTER-HUMANO

Pela primeira vez no processo terapêutico, sustentado também pelo contato com sua agressividade, Felipe se identificou com uma criança na brincadeira e conseguiu comunicar seus próprios sofrimentos: o de se sentir desamparado e sozinho diante da qualidade afetiva dos cuidados que recebia e, na sessão seguinte, o de se sentir culpado pela fantasia de ter feito algo errado que provocasse o abandono do pai.

Assim, é possível pensar que a assimilação das experiências constitutivas permitiu que o limite pudesse ser oferecido como um cuidado na relação. Além disso, é importante ressaltar que, ao exercer um limite na brincadeira, deixei de ser um suporte para o processo de contato do Felipe e, de modo coerente com as ideias propostas por Lee (2011), comecei a aparecer como interlocutora de sua experiência, ocupando a dimensão do inter-humano.

Nesse momento é possível pensar, portanto, que Felipe pode ter assimilado um fundo de experiências que lhe permitiram constituir uma fronteira de contato e sustentar este com suas próprias necessidades com autonomia. A brincadeira a seguir, que aconteceu na sessão seguinte, também ilustra isso.

Felipe escolheu um boneco e disse que era uma criança de 10 anos, o que foi surpreendente. Nessa história, que ele encenou sozinho, a mãe fez o almoço e, na hora de comer, disse que estava fal-

tando o pai. Ele, então, escolheu um boneco para ser o pai. Durante o almoço, seu personagem comia toda a comida, repetidas vezes. Até que o pai ficou bravo e chamou a polícia, que o prendeu. Em seguida, a mãe também foi presa.

Nesse novo contexto, a interlocução das experiências expressas por Felipe seria aparentemente o cuidado que preservaria a constituição e a abertura de sua fronteira de contato.

AS SESSÕES DE ORIENTAÇÃO COM MARIANA

A intenção de favorecer o processo de constituição de uma fronteira de contato que permitisse a Felipe assimilar o suporte necessário para atravessar o impasse no qual se encontrava em seu processo de desenvolvimento também norteou o raciocínio clínico e a definição do manejo terapêutico nas sessões de orientação com sua mãe, Mariana.

Com base na compreensão da dinâmica familiar confluente e na necessidade de oferecer suporte para o processo de constituição da fronteira de contato de Felipe, as sessões de orientação com Mariana passaram a ser norteadas pela intenção de comunicar o sofrimento de seu filho para que a empatia entre ambos pudesse se estabelecer. Esse manejo pretendia favorecer a possibilidade de Mariana vir a sustentar as experiências do filho para que o processo de constituição da fronteira de contato dele pudesse acontecer também na relação com ela.

Assim, a partir dessa experiência afetiva, seria possível ajudá--la a pensar em como agir para cuidar dele. Para isso, existia uma preocupação em comunicar o sofrimento de Felipe de maneira clara, utilizando uma linguagem do dia a dia. A forma de comunicar as experiências de Felipe era organizada antes de cada sessão, conforme apresentado na descrição da primeira sessão de orientação com Mariana, na qual Felipe foi descrito como uma criança muito sensível às emoções das pessoas que estão ao seu redor e preocupado com o bem-estar de quem ele gosta.

As cenas abaixo ilustram como o sofrimento de Felipe foi comunicado para Mariana.

[...] decidi compartilhar com ela a impressão que eu tive de que o Felipe é um menino muito sensível e preocupado com as pessoas ao seu redor. Ela logo confirmou essa impressão e disse que sua mãe chorava muito na frente dele devido à briga que teve com o filho, que a faz sofrer demais. A própria Mariana sugeriu que ela deveria fazer terapia e me perguntou se eu poderia atendê-la. Respondi que o ideal seria que ela fosse atendida por outra pessoa e que pensaria em alguém para indicar.

Falei que achava que não era bem assim, que de certo modo ela tinha um sonho com o pai do Felipe que não se realizou, e que ele percebia isso. Comentei que eu achava que quanto mais ela conseguisse refazer seus sonhos, melhor ela poderia contar essa história para o filho. Só assim a impressão que ele tem de que ele não permitiu que o sonho dela se realizasse poderia mudar. Nesse momento, senti que a atmosfera da sala mudou e o clima ficou mais pesado.

Compartilhei com ela a minha percepção de que ele estava bem mais aliviado, porque parecia no começo preocupado com a avó e a mãe e, agora, as emoções dele apareciam mais em suas histórias. Disse que a ausência do pai e as emoções que essa ausência desperta começaram a aparecer.

Pode-se notar que, no caso da primeira e da terceira cenas, tanto a linguagem utilizada quanto a modulação que foi feita permitiram que Mariana entrasse em contato com a experiência de Felipe. Ao mesmo tempo, seu autossuporte vinha sendo cuidado nas sessões de orientação para que pudesse ser, aos poucos, ampliado, conforme será descrito mais adiante.

Na segunda cena, nota-se a evidente e intensa mobilização afetiva de Mariana. Ela descreve como a sensação de Felipe de ter destruído o sonho da mãe foi relatada. Talvez essa sensação de desesperança e de impedimento na capacidade de sonhar tenha sido vivida não apenas na relação com o pai de Felipe, mas também na ocasião da morte de seu pai, quando precisou abrir mão de seus próprios sonhos e direcionar sua energia para as questões mais práticas, como garantir seu sustento financeiro. Porém, é preciso explicitar que a forma de comunicar o sofrimento de Felipe nesse momento talvez não tenha sido bem modulada e, por esse motivo, foi assertiva demais, o que possivelmente foi influenciado por sentimentos contratransferenciais.

É possível, portanto, que o contato com o sofrimento do filho, que, de certo modo, também diz respeito a seu próprio sofrimento, sem autossuporte para tanto, tenha despertado sensações muito intensas, as quais podem ter atravessado a dessensibilização que ela apresentava para as suas próprias necessidades. Assim, é possível pensar que Mariana não sustentou o contato com as sensações despertadas, que parecem ter sido "expulsas" de seu corpo em direção ao meio, o que foi percebido como uma mudança da atmosfera do ambiente.

Assim, esse relato pode ter sido vivido por Mariana como uma experiência invasiva, o que reforça a importância de fortalecer o autossuporte dos cuidadores.

O trecho a seguir ilustra como as experiências de Mariana em seus ciclos de contato eram sustentadas. O contato era sustentado de modo semelhante ao que acontecia nas sessões com Felipe, por meio de experiências constitutivas. As sensações que Mariana expressava eram vividas de forma compartilhada (mesmo que ainda não pudessem ser verbalizadas por mim pela precariedade de seu autossuporte).

Mariana estava com uma aparência cansada e eu falei isso a ela. Ela disse que estava passando um período difícil porque precisou demitir muitas pessoas na empresa em que trabalhava. Ficamos um tempo conversando sobre isso, pois parecia ser um tema que a estava mobilizando. Contou que sonhou que estava dando uma pílula e que as pessoas morriam. Perguntei se ela estava se sentindo responsável pelas demissões e ela respondeu que sim, porque de certa maneira ela tem o poder de decidir quem vai ser demitido ou não.

Durante essa interação com Mariana, imaginei que ela poderia estar se sentindo culpada de maneira desproporcional, pois esses eventos de separação possivelmente promoviam o contato com o sofrimento da perda do pai, o qual parece ser ainda muito presente em suas relações, talvez por não ter encontrado na época interlocução para lidar com as emoções provocadas por essa experiência ou, ainda, pelo fato de a perda do pai ter reforçado um impasse, no qual ela já se encontrava: o impedimento de se separar da confluência familiar para expressar sua singularidade.

Nesse momento, a compreensão do medo expresso por Felipe para ir à escola logo após o início do processo de psicoterapia também pôde ser ampliada. Mariana reforçou algumas vezes quanto essa experiência lhe provocou sofrimento. Em seus relatos, uma fala ilustrou muito bem essa sensação: ela disse que "as mãozinhas dele, estendidas para ela, sem que ela pudesse fazer nada" representavam uma lembrança muito dolorosa. A necessidade de separação imposta pela escola levou-a novamente ao contato com o sofrimento da perda do pai, que de alguma maneira, seja por sua fisionomia, seja pela mudança na atmosfera do meio, tal como aconteceu na sessão de orientação, foi assimilada por Felipe, que foi contaminado por essa sensação e a expressou com mais intensidade.

Desse modo, aos poucos, as diferenças entre as experiências da mãe e do filho começavam a se evidenciar, o que tornava as necessidades e os anseios de cada um cada vez mais claros.

O PROGNÓSTICO DO PROCESSO

Nesse contexto, é possível pensar que, até o momento apresentado na descrição do processo terapêutico de Felipe, a constituição de sua fronteira de contato estava em andamento. Essa conquista pôde ser revelada, conforme explicado anteriormente, por sua autonomia crescente para sustentar suas experiências em seus ciclos de contato, o que me levava a assumir um novo papel na relação, o de interlocutora de seu sofrimento. Pode-se pensar, portanto, que Felipe estava, gradualmente, se diferenciando da confluência familiar.

Por outro lado, é possível constatar que as experiências de Mariana ainda precisavam de suporte para que pudessem ser vividas em seus ciclos de contato e para que seu sentido pudesse ser comunicado

Assim, nesse contexto, ao que tudo indica, Mariana ainda não tinha conquistado o autossuporte necessário para que pudesse ocupar a função de interlocutora das experiências de Felipe e, desse modo, oferecer os cuidados que continuariam sustentando o processo de desenvolvimento do filho. É possível pensar também que, até que ela pudesse constituir seu autossuporte, sua maneira de evitar o contato com sensações mais intensas poderia levar Felipe novamente ao contato com as sensações da mãe e à retomada do estabelecimento de interações confluentes.

Cabe ressaltar a necessidade de novos estudos sobre as dinâmicas confluentes para que seja possível explorar se esse movimento de interrupção do ciclo de contato pode ser observado em outras relações. E, caso essa constatação se confirme, seria importante explorar essa dinâmica com mais detalhes, identificá-la e nomeá-la.

Assim, com base no que foi apresentado, é possível pensar que o manejo definido nesse momento do processo é de que as sessões com Felipe fossem mantidas até que Mariana pudesse constituir um autossuporte para sustentar suas experiências em seus ciclos de contato com mais autonomia.

Nesse momento, as intervenções realizadas nas sessões com Felipe, possivelmente, poderiam ser norteadas pelo método da ampliação da *awareness*, originalmente proposto pela Gestalt--terapia, até que Mariana tenha desenvolvido os recursos necessários para que ocupe o lugar de interlocutora na relação com seu filho.

DESCRIÇÃO DAS SESSÕES TÍPICAS DO PROCESSO DE PSICOTERAPIA DE CAROL

23/7/2014
PRIMEIRA ENTREVISTA COM OS PAIS: QUEIXA E HISTÓRIA DE VIDA DE CAROL

Os pais de Carol, Tatiana e Marcelo, me procuraram graças a um texto que escrevi e que foi divulgado na internet sobre alguns sinais de que a criança pode precisar de psicoterapia. O texto abordava diferentes comportamentos, tais como problemas de relacionamento, agressividade e timidez.

Descreveram a filha, de 5 anos, como uma criança que está constantemente pedindo a atenção dos pais e que tem dificuldade de lidar com a frustração. Relataram também o medo que ela sente de ir sozinha ao banheiro, de se relacionar com estranhos e de bonecos. Disseram perceber que a filha apresentava quase todas as características descritas em meu texto.

Em um segundo momento, afirmaram também que ela é bastante agitada. Eles associavam essas características ao nascimento da irmã. Perguntei um pouco sobre a história de vida dela e eles tiveram certa dificuldade de narrá-la. Precisei estimular e dizer coisas que aliviassem a culpa sobre as dificuldades que todos os pais enfrentam quando nasce o primeiro filho – como, por exemplo, que costuma ser um período difícil, muito cansativo e de muitas mudanças.

Tatiana, então, começou a contar que teve dificuldade para amamentar. Falou também que os pontos da cesárea infeccionaram e que, quando a situação ficou mais calma, ela precisou voltar ao trabalho. Carol foi para o berçário, onde passa o dia inteiro desde os quatro meses de vida. Disseram que tentaram compensar a ausência no dia a dia da filha com presentes em excesso e deixando a criança fazer o que quisesse. E pareceram ressentidos com a família por não poderem contar com sua ajuda para ficar com a filha.

Tatiana disse algo que me chamou a atenção: que brincar com a filha é uma experiência tensa, porque nunca se sabe se pode acontecer algo que deixe Carol nervosa. Comentou que tem medo de que a filha se torne uma adulta com quem só se pode se relacionar de maneira superficial, pois as pessoas precisam ficar "pisando em ovos" para falar com ela. Ao final da sessão, eles disseram, em tom de confissão, que o constante pedido por atenção da filha faz que a mãe exploda e que eles, muitas vezes, acabem brigando na frente dela.

Os pais estão confusos sobre como agir com a Carol. Não sabem se devem ser mais duros ou se tentam acalmá-la quando ela perde o controle. Tatiana disse que em uma ocasião abraçou a filha quando ela estava muito nervosa e que isso pareceu funcionar. Falei que era importante que eles pudessem manter a calma nessas situações.

Marcamos a primeira sessão com Carol para a semana seguinte. Expliquei aos pais que, por meio de brincadeiras, tentaria entender o sentido de seu medo e descontrole emocional e, assim que possível, marcaríamos uma sessão de orientação para conversar sobre o que pôde ser compreendido e como ela estava no dia a dia. Tentaríamos manter uma frequência mensal para as sessões de orientação.

29/7/2014
PRIMEIRA SESSÃO COM CAROL: INÍCIO DA COMUNICAÇÃO DO IMPASSE DA CRIANÇA

Quando abri a porta do consultório, Carol estava escondida atrás da mãe. Como ela estava olhando para mim com um semblante tranquilo, sem desviar o olhar, achei que não seria difícil convencê-la a entrar sozinha. Comentei que ela era parecida com a mãe, o que achei de verdade. Perguntei se ela gostava de desenhar e se queria entrar para desenhar comigo. Disse também que se ficasse com saudades da mãe poderia sair quando quisesse. Ela concordou na hora e entramos.

Carol estava quieta no começo, mas respondeu com tranquilidade a todas as perguntas que eu fiz. Primeiro, perguntei se ela queria mesmo desenhar ou se preferia brincar de outra coisa, e mostrei os brinquedos. Ela disse que queria desenhar. Enquanto eu pegava os lápis de cor e os papéis, perguntei o que sua mãe lhe havia dito sobre mim. Ela disse que não se lembrava. Falei meu nome novamente e disse que era psicóloga. Perguntei se ela sabia o que era psicóloga. Ela disse que não e eu expliquei que era uma pessoa que ajudava os outros a lidar com seus sentimentos. Perguntei se ela sabia o que era sentimento e ela fez um olhar de dúvida. Dei-lhe exemplos: quando a gente fica com raiva, ou triste, ou feliz...

Enquanto falávamos, começamos a desenhar. Ela começou a desenhar uma casa e logo percebi que estava usando muitas cores. Comecei a fazer um desenho com um tema relacionado ao que ela estava fazendo, com a intenção de participar ativamente da experiência para estabelecer uma comunicação. Além disso, não queria ficar só olhando o que ela estava fazendo para evitar que essa se tornasse uma experiência invasiva para Carol ou que ela se sentisse observada e exposta. Perguntei um pouco sobre como era o dia dela e ela me disse que ficava na escola o dia inteiro, e que tinha uma irmã.

O primeiro comentário que fez sobre a irmã foi que ela era muito "fofa". Carol passou a falar com um tom diferente, como se estivesse conversando com um bebê. Perguntei se ela morava em uma casa e ela disse que sim, e falou que estava fazendo a casa dela. Fez também uma árvore e flores, todas muito coloridas, e se levantou para ir mostrar para a mãe, que estava na sala de espera.

Tatiana foi bem atenciosa. Notei também que estava com uma aparência menos cansada. Quando Carol voltou para a sala, perguntei se era difícil ficar longe da mãe e ela disse que sentia saudades. Carol começou, então, a me contar que depois que a irmã nasceu os pais passaram a dar mais atenção ao bebê, porque a irmã precisava dos pais toda hora. Ela se lembrou de ter ficado na casa da prima quando a mãe foi para o hospital. Comentei que ela provavelmente ficou com saudades e sem saber quando veria a mãe novamente.

Depois, voltei-me para o desenho e perguntei onde estavam as pessoas da casa. Ela disse que a mãe tinha saído com ela para vir aqui e o pai, com a irmã para levá-la à escola. Eu disse, então, que parecia que ela estava fazendo um retrato do que estava acontecendo agora na casa dela. Perguntei se não ficava ninguém na casa durante o dia e ela disse que só a empregada.

Ela mudou de ideia e disse que era um dia no qual os quatro haviam saído nas férias para ir ao museu. Disse que nesse dia a pessoa que trabalha em sua casa não estava. Ela demorou bastante para terminar os detalhes do desenho, ficou bem entretida. No final, pedi-lhe que desse um título ao desenho e ela falou "A casa vazia", seguido de "A casa colorida". Sugeri então que juntasse os dois no mesmo título e ela decidiu escrever: "A casa colorida sem gente".

Ela pediu para eu soletrar as letras e quis escrever sozinha. Elogiei a facilidade que ela tinha com as letras. Ela relaxou corporalmente e disse que tinha terminado o desenho. O título, em especial, me mobilizou bastante. Percebi que estava emocionada, mas não conseguia identificar muito bem o que estava sentindo, e passei o restante do dia com esse título em mente.

5/8/2014
SEGUNDA SESSÃO: AMPLIAÇÃO DA COMUNICAÇÃO DO IMPASSE DE CAROL

Quando Carol e Tatiana entraram, fui surpreendida por um abraço da Carol. Tatiana me contou que a filha estava muito feliz em saber que iria me encontrar novamente e a menina, ao ouvir o comentário da mãe, completou dizendo que pulou de alegria quando a mãe falou. Eu disse que estava muito feliz em saber daquilo.

Perguntei o que ela gostaria de fazer. Ela respondeu que preferia jogar. Pegamos, então, o jogo de memória das princesas. Perguntei qual era sua favorita e ela respondeu que era a

O SUPORTE PARA O CONTATO

Rapunzel. A certa altura do jogo, Carol comentou que a cor de fundo da figura dos personagens mudava. Alguns tinham o fundo azul e outros, rosa. Pareceu que ela estava incomodada em formar pares com as cores de fundo diferentes e perguntei isso. Ela respondeu que da próxima vez a gente poderia brincar tentando achar os pares que tivessem a cor de fundo igual.

No primeiro jogo empatamos e ela quis jogar novamente. No segundo, eu ganhei. Ela fez um movimento de que iria querer jogar novamente, mas desistiu. Falou que queria brincar com a casinha e ficou bastante tempo tentando arrumar os móveis. Carol ficou incomodada quando percebeu que eles não cabiam no quadrado de cada quarto. Com minha ajuda, conseguimos arrumar a casa. Ela, então, dedicou um longo tempo a escolher os bonecos. Primeiro escolheu as crianças. Queria duas meninas e as colocou na cama. Colocou uma ao lado da outra para que não caíssem da cama. Depois escolheu os pais e ficou incomodada pelo fato de a mãe ser maior do que o pai, pois sua mãe de verdade é menor do que seu pai.

Carol se interessou pelos animais e disse que poderíamos fingir que ali era uma fazenda. Começou, então, a colocá-los um ao lado do outro. Perguntei se ela queria montar a cavalo. Enquanto ela montava, peguei o boneco da irmã mais nova e disse que ela era corajosa. Falei, imitando a irmã mais nova, que eu tinha medo de montar a cavalo.

Ela olhou para mim e falou que tinha medo de palhaço. Perguntei o motivo e ela não respondeu. Sugeri que poderia ser por não conseguir ver o rosto da pessoa e porque a aparência do palhaço era estranha. Nesse momento, lembrei-me de quando eu tinha medo de palhaço em minha infância. Não contei o episódio que lembrei, mas falei que muitas crianças também tinham esse medo. Ela pareceu interessada por essa informação porque voltou a me olhar, mas não disse nada.

Depois desse diálogo, perguntei se ela queria desenhar e ela disse que preferia jogar um novo jogo, porque não queria fazer atividades repetidas. Jogamos um jogo em que era preciso colocar as varetas atravessadas em um tubo e algumas bolinhas dentro dele. O objetivo era tirar as varetas deixando o mínimo de bolas cair. Carol quis separar as varetas pela cor e colocou uma ao lado da outra, de maneira ordenada. Novamente, assim como aconteceu com a casinha, fiquei com a impressão de que a brincadeira exigia muito esforço para começar. Quando ela terminou de arrumar, jogamos uma vez e ela não se interessou em jogar novamente.

Pedi para que ela fizesse um desenho de si mesma enquanto terminava de arrumar as coisas. Quando fui ao seu lado, vi que ela estava fazendo um jardim e perguntei onde ela iria se colocar. Ela disse que ficaria atrás do jardim. Depois de um tempo, falou que já tinha se desenhado no desenho da semana passada. Falei que não e fui procurar o desenho.

Ela se lembrou do desenho da casa colorida vazia e, quando o viu, falou que o jardim que ela estava fazendo parecia muito com o dele. Falei que eu poderia trazer uma fita adesiva para grudar os dois desenhos e na semana seguinte poderíamos continuar a história. Tanto eu quanto ela gostamos muito da ideia. Quando saímos, ela mostrou à sua mãe o desenho e contou o que faríamos com ele na próxima semana. A mãe parecia bem interessada em tentar entendê-lo.

2/9/2014
PRIMEIRA SESSÃO DE ORIENTAÇÃO COM OS PAIS DE CAROL

Os pais de Carol começaram a sessão contando alguns episódios, nos quais se sentiam em um impasse, pois não sabiam se deviam ser acolhedores e flexíveis ou mais rígidos e autoritários. Por exemplo, o pai contou que com frequência queria dar banho ou escovar os dentes da filha e ela chamava a mãe. Ele achava que a filha estava manipulando a situação porque, quando estavam só os dois, Carol não agia daquela forma e lhe obedecia tranquilamente.

A mãe, nesse dia, ficou com a outra filha e não respondeu aos chamados de Carol para não brigar com o marido. Tatiana me contou uma situação na qual saiu para tomar sorvete com a filha e, no caminho, parou e entrou na casa de uma amiga. Segundo ela, a filha a beliscou várias vezes. Também comentou que passeou com ela durante um dia inteiro no shopping e, no final do dia, a filha ainda não queria ir embora.

Relataram que tanto eles quanto a professora perceberam que a Carol estava com mania de se coçar nas "partes íntimas". Tatiana já a levou ao médico e não foi detectado nenhum motivo físico. Eles contaram que, quando era mais nova, ela tinha o costume de enrolar um pedaço do cabelo e puxá-lo.

Aproveitei esse tema para compartilhar a compreensão que eu vinha construindo ao longo dos encontros com Carol. Disse que antes de começar uma brincadeira ela se mostrava muito meticulosa na arrumação dos brinquedos. Expliquei que pode ser difícil para ela lidar com emoções mais intensas. Por isso, é possível que, às vezes, ela tente evitar o contato com as emoções, controlando as atividades que realiza, ou desenvolvendo alguns comportamentos que anestesiam ou desviam sua atenção do incômodo que as emoções lhe provocam, como se coçar ou arrancar os cabelos de maneira recorrente. Eles pareceram entender e concordar. Assim sendo, reforcei que o cuidado mais importante naquele momento era ajudá-la a se acalmar sempre que ela expressasse uma emoção.

Tatiana deu o exemplo de uma lição de casa que ela ajudou a filha a fazer. Carol havia dito que precisava escrever o nome de seis pessoas da família, sendo que estava escrito que ela poderia escrever o nome de quantas pessoas quisesse. Tatiana disse que a filha começou a chorar dizendo que não sabia o que fazer porque não queria desagradar nem a professora e nem a mãe.

Eu a orientei a esquecer a lição e acalmar a filha com um abraço, um carinho. Comentei que ela poderia pedir-lhe para respirar fundo, contar o que estava sentindo ou falar de suas próprias dúvidas. Reforcei a importância de expressar o que sente, pois Tatiana havia dito que em algumas ocasiões costumava ficar quieta sem falar nada com receio de deixar a filha nervosa. Comentei que a escolha de ficar quieta não dava a Carol uma referência de como a mãe estava se sentindo e poderia aumentar seu sofrimento.

No final da sessão, sugeri que ajudassem a filha a se acalmar e expliquei que quando ela conseguisse se acalmar sozinha os limites seriam mais fáceis de ser colocados. Eles receberam bem as orientações e pareciam se sentir aliviados.

9/7/2014
QUINTA SESSÃO: AMPLIAÇÃO DA COMUNICAÇÃO DO IMPASSE DE CAROL POR MEIO DE UMA EXPERIÊNCIA CONSTITUTIVA

Carol chegou com o pai e ele comentou logo na entrada que ela estava ansiosa para a sessão. Comentei que também estava com saudades, porque fazia 15 dias que a gente não se via. Quando entramos, perguntei como ela estava. Falei que fazia duas semanas que nós não nos víamos e ela pareceu sem reação. Ficou olhando para mim, mas logo desviou o olhar e começou a procurar algum brinquedo no armário. Pensou um pouco no que gostaria de fazer e escolheu o jogo de memória das frutas.

Jogamos uma vez e, na segunda jogada, ela perdeu o interesse no meio. Olhou para o armário e disse que gostaria de jogar outra coisa. Pegou o jogo das varetas e das bolinhas. Tentei ajudá-la a montá-lo, mas ela separou as varetas novamente. Disse que eu iria colocar as varetas amarelas e ela colocaria as vermelhas.

Nessa sessão, percebi que ela se tocou diversas vezes. Colocamos as varetas e começamos a jogar. Ela tirava as varetas de maneira indiscriminada e as bolas caíam mais para ela. Eu, então, ensinei meu raciocínio de tirar primeiro as varetas de baixo. Quando terminamos, perguntei se ela gostaria de jogar novamente. Ela pareceu ficar em dúvida e imaginei ser por causa do tempo que levamos para montar as varetas. Então, falei que eu poderia ajudá-la a montar mais rápido.

Enquanto eu colocava as varetas, comecei a perguntar sobre seu final de semana. Carol parecia não se lembrar. Fiz perguntas mais concretas, disse que era terça, que o dia anterior havia sido segunda e questionei o que ela havia feito no domingo. Ela me disse que tinha ido à casa do tio e dormido na casa da avó. Contou quantos tios ela tem e, quando eu perguntei se tinha primas, ela saiu da sala e foi ver o pai. Conversou um pouco com ele e, quando voltou, me contou que ele estava lendo uma revista.

Jogamos novamente. Quando terminamos, ela quis jogar outra coisa. Perguntei se queria desenhar e ela recusou, mas quis pegar o lego. Espalhamos as peças no chão e ela pareceu ficar sem saber o que poderia montar. Perguntou diversas vezes o que poderia fazer e olhou na caixa para tentar imitar o desenho. Comecei a juntar alguns blocos e disse que poderia ser um prédio, e ela começou a se entreter com a boneca e o cavalo. Aos poucos, passou a me ajudar com o prédio. Fizemos um bloco do lado do outro e ela quis juntá-los. Disse que era uma prisão e colocou a Jess (que era a personagem da boneca que ela segurava) lá dentro. Falou que ela ia sair de lá. Peguei um barbante para ajudá-la e ela gostou. Usou o barbante como uma corda e saiu da prisão. Em seguida, ela construiu uma torre e colocou uma cadeira no topo e a boneca sentada lá. A torre desmontou algumas vezes e eu tive de ajudá-la a refazer e a não desistir da história. Quando ela colocou a personagem sentada, colocou também uma peça de cada lado da boneca. Disse que os braços da boneca estavam levantados e, quando ela os abaixou, a torre desmontou. Tive vontade de desistir porque ela é muito detalhista e o tempo estava quase terminando, mas achei que essa era uma história importante de ser contada até o fim e novamente a ajudei a reconstruir a torre.

Depois de reconstruí-la, ela colocou novamente a personagem sentada com um bloco de cada lado. Disse que ela levantava os braços e quando abaixava tomava um choque. Pediu, então, minha ajuda para segurar o barbante e tirou a boneca de lá.

Contei a história desde o começo. Falei que a Jess estava na prisão, que ela deveria estar se sentindo sozinha, mas conseguiu sair; daí ela se sentou na torre, mas também deveria estar se sentindo presa porque se mexesse os braços levaria um choque. Ela me ouviu com atenção. Quando a boneca saiu da cadeira, perguntei se ela tinha se libertado. Carol respondeu que daquele momento em diante a Jess passou a dar choque em todas as pessoas em quem ela tocava e que só quando ela fizesse "10, não, 18, não, 20 anos" esses choques iriam passar.

Comentei que com o tempo ela poderia se aproximar das pessoas e deixaria de se sentir sozinha. Ela encerrou a história e pediu para brincar de outra coisa, mas não tinha mais tempo. Senti-me muito afetada pela história que foi narrada. Percebi que estava emocionada por poder presenciar o sofrimento e a esperança de Carol.

Perguntei se ela gostaria de levar um pedaço do barbante para casa. Ela quis e pediu para eu cortar dois pedaços de tamanhos iguais. Mediu para comparar se estavam do mesmo tamanho. Depois, ela resistiu, não queria ir embora, pediu para pegar mais um jogo e brincar de massinha. Eu disse que poderíamos fazer tudo aquilo na semana seguinte e que tinha gostado muito da história e da brincadeira daquele dia.

Depois de cerca de uma hora dessa sessão, Tatiana me mandou uma mensagem dizendo que estava sem saber como agir. Disse que a filha estava se mostrando muito preocupada em fazer a lição de casa e falava repetidas vezes que a professora iria brigar com ela se fizesse algo errado. Disse que a filha também comentou que estava preocupada de chegar tarde à escola. Reforcei a orientação que havia dado na semana anterior. Pedi que acalmasse a filha nessas horas, mostrando, sempre que possível, que ela havia feito um bom trabalho na lição. Tatiana também me perguntou se precisaria falar com a professora para pegar leve com a filha, mas ela mesma disse que já havia falado e que, então, esperaria mais um pouco.

30/9/2014
OITAVA SESSÃO: AMPLIAÇÃO DA COMUNICAÇÃO DO IMPASSE DE CAROL

Carol chegou e olhou para o armário de brinquedos. Perguntei se ela gostaria de brincar com a casinha e ela concordou. Peguei a casinha e ela quis montar os móveis de cada quarto antes de começarmos a brincadeira. Notei que estava ficando meio sem paciência e passei a me policiar para deixar que ela fizesse tudo ao mesmo tempo que a ajudava. Logo conseguimos montar de uma maneira que ela se sentiu bem e começamos a brincadeira. Ela quis escolher duas meninas e as colocou na cama dormindo. Falei com a voz da menina que estava com sono e ela disse que parecia ela de manhã. Imitou, no chão da sala, como ela faz quando está com sono.

Voltamos para a brincadeira e ela escolheu a mãe e o pai. Eles foram acordar as meninas, mas elas não queriam levantar. Até que ela deu a ideia que elas poderiam se esconder embaixo da cama. Os pais procuraram as filhas pela casa inteira até que voltaram para o quarto e elas saíram de baixo da cama dando um susto neles. Eles, então, foram para a escola. Eu era a professora e passava algumas lições, como escrever algumas palavras. Até que ela disse que aquela seria a última e depois as bonecas iriam para casa e ela voltaria à escola para brincar. Perguntei-lhe se algumas crianças da escola voltavam para casa na hora do almoço e ela me contou que três amigas voltavam. Questionei se ela gostaria de voltar para poder descansar um pouco e ela disse que sim. Confirmei que a rotina dela era cansativa porque ela ficava o dia todo fora de casa. Perguntei se ela voltava para casa de noite e ela disse que sim.

Carol, então, pediu para ir ao banheiro e conversou com a mãe na sala de espera. Na volta, pegou o jogo de memória das princesas. Pediu para que jogássemos da maneira difícil, combinando a cor de fundo das princesas. Enquanto jogávamos, perguntei qual era mesmo a princesa favorita dela e ela disse que era a Rapunzel. Lembrei que ela havia dito que às vezes gostaria de morar sozinha e comentei que, se ela tivesse o cabelo da Rapunzel, poderia escapar de casa quando quisesse. Ela contou que os pais brigam muito com ela, principalmente a mãe, e que ela quer morar em uma casa sozinha. Disse que se tivesse o cabelo da Rapunzel poderia escapar de casa quando estivesse chovendo para se molhar e "sentir o gosto da chuva". Novamente, ela pediu para sair da sala e disse que estava com sede. Pegou um copo de água e voltou.

Comentei que na semana seguinte eu me encontraria com os pais dela e que a gente não iria se ver. Disse que ela não precisava se preocupar com o que eu iria falar para eles, porque eu não iria falar as coisas que ela me diz, apenas contar que às vezes ela se sente cansada, com vontade de ficar sem fazer nada em casa. Ela pareceu concordar e reforçou que não era para eu falar que ela achava a mãe brava.

Comentei que a gente tinha criado uma história com a casinha e que eu havia esquecido de pedir para escrevê-la. Com a ajuda dela, fui me lembrando e escrevendo a história.

Ela quis escrever "Era uma vez". Quis minha ajuda para recortar essa frase e colar embaixo da história que eu havia escrito. Depois, disse para eu escrever que aquele era o começo e que voltava para cima para recomeçar. Eu disse: "Nossa, mas assim essa história fica se repetindo sempre..."

8/10/2014
SESSÃO DE ORIENTAÇÃO COM OS PAIS

Começamos a sessão de orientação conversando sobre a pressão alta de Tatiana e de como Carol ficou agitada enquanto me contava sobre esse assunto na sessão anterior. Alertei que a filha parecia preocupada com a saúde da mãe e aconselhei que conversasse com ela sobre o que tinha e como estava se tratando.

Como estávamos falando de algo que aconteceu na última sessão, comentei também que Carol havia saído diversas vezes para falar com eles e expliquei que parecia que fazia isso todas as vezes que estava contando algo sobre si mesma, um sentimento ou um desejo. Expliquei que achava que ela poderia sentir medo da reação deles. Tatiana confirmou minha percepção e contou que a filha fez diversas perguntas sobre quando eles viriam conversar comigo. Ela achou que a filha estava preocupada com essa conversa.

Relatei, então, a história que Carol e eu montamos com o lego, na qual a bonequinha se sentia sozinha, aprisionada e com medo. Eles me perguntaram como poderiam ajudar a filha. Respondi que o primeiro passo seria sintonizar com o sofrimento de Carol, porque desse modo eles entenderiam melhor o sentido dos comportamentos dela.

Tatiana me contou que eles estão sendo menos bravos com ela, mas que ainda sentem dificuldade de lidar com a filha quando precisam lhe dizer "não". Disse que no final de semana eles foram fazer uma pizza e Tatiana não deixou a filha ajudar, porque a panela era perigosa e ela poderia se queimar. Contou que a filha chorou muito e que eles conseguiram acalmá-la, mas ressaltou que Carol ficou muito chateada. Comentei que ela parecia lidar bem com a frustração, pois quando ela perdia nos jogos durante as sessões não parecia ficar muito incomodada e que possivelmente ela iria agir de maneira mais tranquila em breve, quando ouvisse um não.

Tatiana, então, perguntou se uma criança dessa idade entende o que é morrer. Disse que a receita da pizza era da sua avó, que havia morrido há alguns anos. Perguntei se eles já haviam conversado com a filha sobre a morte dessa avó. O pai de Carol, então, quis falar sobre religião. Disse que ficava na dúvida sobre como conversar sobre a morte da avó, já que ele não acredita em nada. Fiz uma diferenciação entre religiosidade e espiritualidade e eles gostaram desse tema. Conversamos por algum tempo sobre a importância de perceber que nossa vida tem um sentido. Eles disseram que se sentem aprisionados nas tarefas do dia a dia, que são muito pragmáticos e que não veem sentido, muitas vezes, nas coisas que estão fazendo.

Comentei que seria importante que eles pudessem encontrar um tempo na semana para compartilhar momentos prazerosos entre eles e os filhos, porque, para algumas pessoas, o trabalho pode oferecer um sentido para a vida, mas para muitas, o sentido se encontra na possibilidade de compartilhar experiências simples do cotidiano com as pessoas que ama. Tanto Tatiana quanto Marcelo pareciam muito interessados nessa conversa e descreveram alguns momentos que compartilharam com as filhas e que gostariam de repetir, além de comentarem que poderiam se organizar para ter alguns momentos de lazer entre eles, como sair para jantar sem as crianças.

No final da sessão, comentaram ainda que estavam em dúvida se deveriam colocar ou não Carol no período integral da nova escola. Pedi-lhes que perguntassem à filha e levassem em consideração a opinião dela nessa decisão. Acrescentei que eles não precisavam atender a todos os pedidos dela, mas era importante incluir as necessidades e os desejos da filha nessas decisões, pois isso poderia ajudá-la a ter mais autonomia para se expressar.

4/11/2014
DÉCIMA SEGUNDA SESSÃO: A INTERLOCUÇÃO PARA AS EXPERIÊNCIAS DE CAROL

Carol estava com uma aparência cansada e comentei isso com ela. Ela primeiro deitou na poltrona e deixei que ficasse quieta por alguns instantes. Até que se levantou e foi em direção ao armário. Escolheu um jogo de tabuleiro das princesas. Jogamos e ela ganhou. Foi bem tranquilo e divertido. Ficamos comentando quem tinha mais sorte com o número que saía do dado.

Durante o jogo, perguntei se ela havia brincado com a prima. Ela, então, contou-me uma história que não consegui entender. Quando fiz uma pergunta para tentar compreender melhor, Carol disse que ia sair da sala para ver seu pai. Ficou um tempo com ele. Quando voltou, retomamos o jogo. Ao terminarmos, Carol ficou em dúvida do que fazer. Sugeri algumas alternativas e ela se interessou pelos livros. Comecei a ler *O decreto da alegria*, de Rubem Alves, que conta a história de um rei que decreta que a tristeza estava proibida em seu reino. Porém, no reino, morava uma menininha que não queria se esquecer das suas tristezas, porque ela percebeu que, junto com as lembranças tristes, também existia a alegria. Por exemplo, se ela se esquecesse da tristeza que sentiu no dia em que seu cachorro morreu, teria de se esquecer também que um dia teve um cachorro e das experiências alegres que viveu com ele. O livro era longo e parecia complicado para a idade dela, mas mesmo assim ela me deixou contar até a metade. Eu interrompia e perguntava se ela entendia o significado de algumas palavras e explicava o que ela não sabia.

Quando percebi que ela estava começando a ficar agitada, perguntei se gostaria de ler o resto outro dia e ela concordou. Foi até a cena (ao longo das sessões tivemos a ideia de grudar todos os desenhos que fazíamos com fita adesiva e passamos a nos referir a eles como "a cena"). Peguei papel e lápis de cor. Ela disse que ia fazer um quadrado e que só depois ia me contar o que iria fazer com esse desenho. Comecei a desenhar uma borboleta. Perguntei como estavam seus pais. Para minha surpresa, ela se interessou em conversar e contou que eles tinham ficado bravos com ela porque ela ficou com vergonha e não disse nem "oi" nem "tchau" para algumas pessoas no final de semana. Perguntei que pessoas eram essas e ela disse que eram amigos de sua família, que ela encontrou pela segunda vez. Comentei que era normal sentir vergonha de pessoas com quem a gente não convive muito. Disse que os adultos também sentiam, mas que disfarçavam.

Perguntei se ela sentia vergonha de pessoas mais próximas e ela disse que sentia da avó, mas que também não a via toda hora. Comentei que, quanto mais ela convivesse com a avó, menos ela sentiria vergonha. Perguntei se ela sabia o que era intimidade e expliquei que é a sensação de se sentir à vontade com alguém, e que isso só acontece quando passamos bastante tempo junto dele. Ela disse, contorcendo-se na cadeira, que estava com vergonha de me contar essa história.

Agradeci sua confiança e disse que ela podia ficar tranquila, que não tinha nada de errado com o que ela sentiu. Expliquei que, às vezes, os adultos confundem vergonha com falta de educação. Ela pediu para que eu explicasse isso a seus pais. Aproveitei para explicar novamente que nos encontros com seus pais eu explicava esse tipo de coisa.

Como ela estava disponível para o diálogo, perguntei de sua irmã. Questionei se ela tinha feito as brincadeiras que eu havia sugerido havia algumas sessões. Ela disse que tinha esquecido. Aproveitei para repetir a ideia. Sugeri que ela poderia fazer cócegas ou brincar de se esconder com a irmã, porque assim a irmã iria gostar muito de brincar com ela, e ela ficaria feliz. Ela pareceu entender.

Enquanto isso, ela transformou o desenho do quadrado em uma borboleta e quis colar em cima da minha. Fez também um céu e pediu para que eu o colasse na cena que estávamos criando.

11/11/2014
SESSÃO DE ORIENTAÇÃO COM OS PAIS

Eu estava animada para a sessão, pois percebia que a Carol vinha fazendo conquistas importantes – ela começou, mesmo com algumas dificuldades, a expressar suas necessidades. Porém, para minha surpresa, eles estavam desanimados e pareciam cansados. Disseram que a filha havia melhorado no dia a dia com eles, mas piorado nas situações sociais. Tatiana contou algumas situações, como no almoço do aniversário do avô. Disse que a filha estava com a prima e não conseguiu se enturmar. Contou que quando a prima foi brincar com as outras crianças Carol ficou emburrada, mas só expressou sua insatisfação dizendo que queria entrar na piscina e não podia.

Tatiana disse que sabia que esse não era o motivo. Deixei que ela terminasse de contar. Ela falou que dois dias depois a filha contou que tinha ficado brava porque não conseguiu brincar com as outras crianças. Confirmei que eles perceberam o motivo da insatisfação da filha e que isso era muito importante. Comentei que, talvez, eles poderiam ter falado isso para ela naquele momento. Em seguida, reforcei a importância de a filha confiar neles para contar o que sentia e a capacidade que a Carol desenvolveu de expressar suas emoções. Tatiana contou outra situação, na qual estava em uma festinha de criança com Carol. Disse que o aniversário era da melhor amiga da filha e que essa menina estava dando atenção a outras crianças. Carol, então, ficou brava e falou à amiga que a festa dela estava horrível. Pedi para que a mãe, quando acontecesse isso, explicasse à Carol que a amiga não tinha deixado de gostar dela, reforçasse que os amigos gostavam dela e deixasse que ela ficasse em seu colo até que tivesse vontade de voltar a brincar. Tanto Tatiana quanto o Marcelo ouviram atentamente, mas ainda pareciam irritados com as atitudes da filha.

Tatiana comentou – e Marcelo concordou – que eles ficam muito incomodados quando a filha não quer cumprimentar as pessoas. Nesse momento, expliquei o movimento que Carol vinha fazendo. Disse que parecia que ela estava abafando as próprias emoções. Ela começou a se expressar, mas esse movimento vem acompanhado de medo, de insegurança, e seria importante eles entenderem que essa era uma dificuldade e um sofrimento real da filha. Percebi que precisava começar a tomar cuidado para não parecer que estava defendendo Carol dos ataques dos pais, e, assim, me distanciar da experiência deles.

Porém, o embate não se intensificou. Tanto Mariana quanto Marcelo confirmaram a descrição que compartilhei do processo de Carol. Disseram que percebem que a filha sente muita dificuldade para agir de maneira espontânea. Tatiana deu o exemplo de quando escreveu a carta para o Papai Noel com a filha, e a menina não sabia o que pedir. Ela dizia à mãe: «Eu não sei o que eu quero". Tatiana disse que a ajudou a se lembrar do que ela gostava. Reforcei que esse era um cuidado muito importante: mostrar a ela quem ela é e do que ela gosta.

Comentamos que era importante acolher a insegurança que Carol sentia em certas situações porque, além de ser um sentimento natural, para ela a experiência de se expor era nova. Eles entenderam e o tema da discussão mudou. Começaram a contar que a maior dificuldade era lidar com a necessidade dizer "não" à filha e exemplificaram em quais momentos ela surge. Disseram que quando precisam ir embora de um lugar, ou quando vão passear com Carol, parece que ela sempre quer mais.

Entendi que isso era desgastante e comentei que parecia que estavam falando de outra sensação da filha, de uma sensação de insatisfação. Eles confirmaram. Relatei que parecia que, possivelmente, ela não se sentia preenchida e satisfeita com suas experiências.

Eles reforçaram que não importa quanto eles fiquem com ela, parece que nunca é suficiente. Concluí que parecia que ela não conseguia aproveitar essas interações, que não conseguia ser espontânea e se divertir e que, talvez por isso, não se sentisse preenchida. Por esse motivo, ficava sempre querendo mais. Eles confirmaram e deram exemplos de como parece que a filha está sempre preocupada com o que vai fazer em seguida.

Aconselhei-os, nessas horas, a pedir para a filha respirar e olhar para eles, abraçá-la e solicitar-lhe que preste atenção ao que está fazendo no momento presente. Disse que o mais importante nessa hora era proporcionar situações nas quais eles pudessem se divertir juntos. Para isso, os cuidados que comentamos no início da sessão – de acolher o medo e a insegurança da filha – eram muito importantes, pois assim, aos poucos, ela continuaria tentando se expressar com espontaneidade e, talvez, conseguiria se divertir mais em suas interações. Reforcei que acreditava que quanto mais Carol conseguisse se divertir e agir de forma espontânea, menor seria sua dificuldade de aceitar o fim da atividade.

Para resumir a sessão, falei que os dois pontos mais importantes naquele momento eram acolher o medo e favorecer a espontaneidade e a diversão da Carol. Descrevi novamente o processo e o movimento que Carol havia feito. Disse que ela partiu do abafamento das próprias emoções para a possibilidade de se expressar, mesmo com medo da reação dos outros. Comentei que os cuidados que discutimos tinham a intenção de ajudá-la a superar o medo e a agir de maneira espontânea. Tatiana parecia apreensiva e hesitante na hora de ir embora. Parecia querer ficar mais tempo e conversar mais. Ela comentou que foi importante entender o que está acontecendo com a filha. Perguntei se eles estavam com a impressão de que Carol havia piorado, porque eles pareciam descontentes com as atitudes da filha no começo da sessão. Tatiana respondeu que sente que com ela melhorou, está mais próxima e conversando mais, mas pareceu ter piorado nas situações sociais.

Comentaram sobre os desafios que Carol enfrentaria com as apresentações de final de ano e a mudança de escola. Tentei reforçar, novamente, que era muito positivo que ela tivesse bastante confiança neles para poder expressar seus próprios sentimentos.

18/11/2014
DÉCIMA QUARTA SESSÃO: A EXPERIÊNCIA CONSTITUTIVA NA RELAÇÃO MÃE E FILHA E A CONSTRUÇÃO DE UMA NARRATIVA DE SI

Percebi, logo que a Carol chegou, que ela parecia animada e bem-disposta, e disse isso a ela. Chegou sorrindo e com uma fisionomia contente. Entramos e ela fez referência à cena. Peguei a cena e a deixei no chão da sala.

Comecei a fazer umas linhas no papel. Enquanto dividia a folha em três, ela disse que parecia uma janela. Achei essa imagem bastante interessante e permiti que ela guiasse a atividade, deixando minha ideia para outra oportunidade. Ela disse que poderia brincar com a irmã com essa janela, dizendo "Cadê o sol? Está aqui o sol" ou "Cadê a janela? Está aqui a janela". Em seguida, disse que poderia fazer a paisagem da janela e colá-la na sequência da cena.

Carol, então, olhou para a cena e se surpreendeu por eu ter colado a borboleta. Eu havia escrito no desenho da borboleta o que tinha acontecido na última sessão, em que Carol contou que sentia vergonha de algumas pessoas e descobriu que era normal sentir vergonha de quem não era tão próximo. Ela pareceu gostar desse relato. Pediu para que eu lesse de novo e disse que gostava muito de histórias.

Depois, ela sugeriu que poderíamos desenhar a paisagem das janelas para colar na sequência da cena. Desenhou um coração que dava poder para o arco-íris ficar colorido. Comentei que a primeira cena era de uma casa colorida, sem gente, vazia, e que agora parecia ter um coração se aproximando da casa. Ela disse que no final poderíamos contar essa história. Reforçou que gostava muito de desenhar e de escrever histórias. Comentei que o desenho que ela estava fazendo era muito bonito, tão bonito que parecia uma poesia.

Perguntei se ela sabia o que era uma poesia. Ela disse o nome de um livro de poesias que conhece. Expliquei que poesia era um tipo de história, mas também servia para dizer que algo era muito bonito. Ela ficou satisfeita e parece que entendeu que era capaz de desenhar coisas bonitas. Ficamos conversando durante esse desenho, que durou toda a sessão.

Perguntei da escola e de seus pais. Ela disse que sua mãe a acalmou no sábado. Contou que tinha sido o aniversário da mãe e que ela tinha chorado, porque a prima foi brincar com sua irmã. Surpreendi-me porque sua mãe teve uma reação nova, diferente da que costumava ter nessas situações, e disse que ficava muito contente de saber que ela foi acalmada pela mãe.

Carol continuou a conversa. Contou que às vezes gosta de ter uma irmã, mas que às vezes, não queria ter. Comentei que era assim mesmo e fiz um gesto com as mãos, como se fosse uma balança, mostrando o lado bom e o lado ruim de ter irmãos. Ela apontou para a mão do lado bom e disse que era bom ter companhia quando só tinha adultos. Ao apontar para a mão do lado ruim, disse que não era legal ter de dividir a atenção da prima. Comentei o lado bom e o lado ruim de ser filho único e dei novamente uma sugestão de como ela poderia brincar com a irmã e com a prima. Ela entrou na brincadeira e fez algumas palhaçadas. Eu disse que se ela fizesse isso, depois de um tempo, tanto ela quanto a prima iam se cansar das brincadeiras de bebê e iam voltar a brincar de brincadeiras de crianças grandes. Perguntei se a prima tinha uma irmã mais nova e ela disse que não, que ela tinha uma irmã mais velha. Então, expliquei que podia ser por isso que ela gostava de brincar com sua irmã, porque não era toda hora que ela tinha um bebê por perto.

Terminamos o desenho. Ela colou o seu e, antes de colar o meu, quis fazer um coração. Em seguida, ajudou-me a escrever a história que tínhamos comentado no começo da sessão.

Ficamos um tempo olhando a cena. Reforcei quanto era bonita e criativa. Ela quis ler a história da cena novamente e pediu para chamar a mãe. Quando Tatiana entrou na sala, Carol pediu para que ela lesse a história. Reforcei para a mãe quanto Carol parecia criativa, otimista e esperançosa. Ela me contou o episódio de seu aniversário, no qual acalmou a filha. Ela também parecia mais esperançosa, tranquila e contente com esse acontecimento.

16/12/2014
SESSÃO DE ORIENTAÇÃO COM OS PAIS: FECHAMENTO DO PROCESSO

Fizemos o fechamento do processo e foi uma experiência muito positiva. Tatiana e Marcelo estavam bem tranquilos e felizes. Quem falou mais durante a sessão foi a Tatiana. Parecia muito contente em relação à filha. Disse que Carol havia mudado muito e confirmei esse fato. Comentei que estava relembrando como ela se comportava no começo do processo. Disse que no início ela tentava controlar as atividades e não conseguia agir de maneira espontânea, e que no momento presente ela estava se divertindo e agindo mais livremente.

A mãe concordou e disse que ela está muito engraçada no dia a dia, brigando menos com a irmã. Nesse momento, o pai deu um exemplo de um conflito que aconteceu entre as duas na semana anterior e que a própria Carol conseguiu resolver. Relatou que a irmã queria pegar o brinquedo que estava na mão de Carol e que esta propôs que elas poderiam trocar, resolvendo o conflito sem grandes consequências. A mãe completou dizendo que Carol está aceitando o "não" com mais tranquilidade e lidando melhor com a frustração. Disse também que ela está conversando muito. Falou que tem a sensação de conseguir conversar com a filha agora com mais facilidade do que com muitos adultos, porque ela fala abertamente sobre seus sentimentos. Deu como exemplo o dia em que Carol a procurou para contar que estava com medo de mudar de escola. Em outra situação, Carol perguntou ao pai se ele sentia vergonha, e para a mãe se ela sentia raiva. Eles contaram que vêm compartilhando muito suas experiências nessas horas, o que não costumavam fazer. Tatiana deu o exemplo de um evento que havia acontecido no trabalho dela, no qual uma pessoa havia lhe deixado com raiva. Contou que a filha tinha ficado surpresa ao saber que os adultos também sentem raiva e quis saber qual tinha sido a reação da mãe naquela situação.

O pai conversou com Carol sobre seus sentimentos no primeiro dia no trabalho novo, para compartilhar um momento em que sentiu vergonha. Ressaltei quanto eles estavam abertos e disponíveis tanto para o diálogo com a filha como em relação a seus próprios sentimentos, e que esse cuidado, assim como a sintonia que foram capazes de estabelecer com a experiência da filha, tinha sido fundamental para que ela pudesse mudar.

Eles contaram um pouco sobre as críticas que a família costumava fazer sobre Carol. Disseram perceber que estavam reproduzindo essas críticas e que conseguiram tomar consciência dessa dinâmica. Contaram que Carol era muito comparada com a prima, que tem outro estilo de vida e é uma criança mais extrovertida, quase uma "miniadulta". Sendo assim, eles costumavam cobrar de Carol que agisse da mesma forma, cumprimentando e conversando com facilidade. Porém, foram percebendo que a filha era mais reservada e que precisavam respeitar essa característica dela.

Disseram também que outra "ficha" importante que caiu foi perceber que a filha ouvia e entendia tudo que eles conversavam perto dela. Assim, pararam de falar mal dela ou de brigar entre eles por sua causa. Comentei que essa parecia uma pequena mudança, mas que na verdade era fundamental, pois significava que eles haviam percebido que a filha era uma pessoa com sentimentos e que precisava ser respeitada. Eles confirmaram e assumiram que, quando ela era pequena, eles achavam que poderiam levá-la junto para todos os cantos, sem precisar consultá-la, mas que perceberam que ela tem as próprias vontades e que, por isso, estão mais disponíveis para escutá-la. Reforcei quanto isso era importante e quanto ela deveria estar mais confiante por saber que agora podia confiar neles para cuidar de seu bem-estar.

Fiz uma síntese do processo. Contei que no começo Carol parecia "abafar" suas emoções e que, aos poucos, tinha começado a se expressar com mais espontaneidade. Ressaltei que a mudança, para mim, tinha ficado evidente quando Carol desenhou uma janela na mesma semana em que a mãe conseguiu acalmá-la quando ela estava chateada por ter sido deixada de lado pela prima. Disse que nesse dia, provavelmente, a mãe tinha conseguido oferecer o cuidado de que ela precisava e que ela também estava disponível para receber o afeto da mãe. Tatiana concordou e contou que Carol recebia muito mal seus carinhos e fazia careta quando a mãe dizia que a amava.

Comentei que achava que Carol iria começar a "florescer", que suas características iriam ficar mais evidentes. Sugeri que ficassem atentos para contar a Carol o que percebem que ela faz que os surpreende. Eles deram exemplos da memória que ela tem, da capacidade de lembrar caminhos e acontecimentos de muito tempo e também de quanto ela está engraçada. Falaram que ela contou várias piadas nos últimos dias e que conta muito bem, interpretando a história, o que faz que eles se divirtam bastante.

Combinamos que depois das férias ela viria para que pudéssemos nos despedir, e que na semana seguinte eles voltariam para que eu pudesse ler e entregar o relatório com a síntese do processo e as recomendações.

ANÁLISE DO PROCESSO DE CAROL

A CONSTRUÇÃO DO RACIOCÍNIO CLÍNICO POR MEIO DAS INFORMAÇÕES DO CAMPO E DO DIÁLOGO CONSTITUTIVO COM CAROL

A principal intenção em apresentar e analisar esse segundo processo é demonstrar que a forma de estabelecer uma comunicação com a criança não deve ser entendida como uma proposta de uma técnica terapêutica. Como se pode observar a partir da apresentação do processo de Felipe e Carol, esse pano de fundo teórico não só leva a singularidade da criança em consideração como a evidencia, uma vez que o raciocínio clínico e os cuidados oferecidos se tornam absolutamente únicos.

Além disso, percebe-se que a intenção não é a de propor que se siga o mesmo manejo apresentado nos processos de Felipe ou de Carol, mas de evidenciar como, na relação terapêutica e com a sustentação de um fundo teórico, o Gestalt-terapeuta pode se apresentar como heterossuporte para sustentar os ciclos de contato da criança e oferecer experiências constitutivas para que ela saia do impasse em que se encontra.

Nesse contexto, a figura do processo terapêutico de Felipe parecia ser a dinâmica confluente, e os cuidados que sustentavam o processo de constituição de uma fronteira de contato nortearam as intervenções terapêuticas, ao passo que no processo terapêutico da Carol a figura foi outra.

Ao expressar a principal dificuldade que vivenciava na relação com a filha, Tatiana disse, na primeira entrevista, que sentia como se precisasse constantemente "pisar em ovos" para falar com ela, pois não sabia o que fazer, dependendo de como a filha reagisse. No questionário de anamnese, a insegurança tanto de Marcelo quanto de Tatiana se evidenciou e pôde ser mais bem compreendida. Tatiana descreveu a falta de referências para cuidar da filha ao ter de voltar a trabalhar. As mulheres de sua família pararam de trabalhar quando tiveram filhos ou mantiveram um trabalho com horários flexíveis. Ela, por outro lado, precisava trabalhar em período integral.

Tanto Tatiana quanto Marcelo descreveram no questionário que sentiam falta de apoio dos familiares e sofreram pelo excesso de julgamento que as pessoas da família constantemente expressavam diante das decisões que os dois tomavam a respeito dos cuidados com a filha. Relataram também, assim como na primeira entrevista, as diferentes características de Carol que motivaram a busca pela psicoterapia: agressividade, timidez, agitação e medo. A própria Tatiana identificou no questionário que esses comportamentos estavam cristalizando uma maneira de se relacionar, o que fazia que a relação com a filha não fosse mais espontânea e passasse a ser marcada por críticas e insatisfações.

No contato com Carol, foi possível identificar sua experiência diante da presença insegura dos pais. Carol comunicou (com o apoio do heterossuporte representado pelos mesmos cuidados apresentados no caso de Felipe: atenção aos movimentos interrompidos, empatia e ação afetiva), logo na primeira sessão, seu sofrimento relacionado à impossibilidade de vivenciar experiências constitutivas, conforme a cena descrita abaixo.

Perguntei se ela morava em uma casa e ela disse que sim, e falou que estava fazendo a casa dela. Fez também uma árvore e flores, todas muito coloridas [...] disse que era um dia no qual os quatro haviam saído nas férias para ir ao museu. Disse que nesse dia a pessoa que trabalha em sua casa não estava. Ela demorou bastante para terminar os detalhes do desenho, ficou bem entreti-

da. No final, pedi-lhe que desse um título ao desenho e ela falou "A casa vazia", seguido de "A casa colorida". Sugeri então que juntasse os dois no mesmo título e ela decidiu escrever: "A casa colorida sem gente". [...] Ela relaxou corporalmente e disse que tinha terminado o desenho. O título, em especial, me mobilizou bastante. Percebi que estava emocionada, mas não conseguia identificar muito bem o que estava sentindo, e passei o restante do dia com esse título em mente.

Nesse contexto, a sensação de vazio de si parecia ser relacionada à ausência de suporte ou de cuidados que sustentassem suas necessidades em seus ciclos de contato. A sensação de ter de "pisar em ovos" evidenciava que, possivelmente, Tatiana paralisava, não sabia como reagir nos momentos em que a filha expressava uma necessidade. Assim, é possível pensar que a insegurança e a ausência de referências que Tatiana e Marcelo experimentavam quando precisavam cuidar de uma necessidade expressa por Carol impediam que se apresentassem como suporte para a experiência da filha, ou que lhe oferecessem um cuidado que a ajudasse a restabelecer o equilíbrio em seu organismo. Sem poder contar com o heterossuporte, Carol permanecia impedida de concluir suas experiências em seus ciclos de contato e também de se apropriar do que viveu.

Diante desse cenário, Carol vivia suas experiências no isolamento. Estas, na medida em que se repetiam ao longo do tempo, podem ter retraído e fechado sua fronteira de contato, conforme os trechos a seguir ilustram. A atenção a esses movimentos que interrompiam a expressão de suas necessidades pode ser considerada um cuidado que ajudou a iniciar um diálogo constitutivo com Carol.

Carol comentou que a cor de fundo da figura dos personagens mudava. Alguns tinham o fundo azul e outros, rosa. Pareceu que ela estava incomodada em formar pares com as cores de fundo di-

ferentes e perguntei isso. Ela respondeu que da próxima vez a gente poderia brincar tentando achar os pares que tivessem a cor de fundo igual.

Jogamos um jogo em que era preciso colocar as varetas atravessadas em um tubo e algumas bolinhas dentro dele. O objetivo era tirar as varetas deixando o mínimo de bolas cair. Carol quis separar as varetas pela cor e colocou uma ao lado da outra, de maneira ordenada. Novamente, assim como aconteceu com a casinha, fiquei com a impressão de que a brincadeira exigia muito esforço para começar.

Pegou o jogo das varetas e das bolinhas. Tentei ajudá-la a montá-lo, mas ela separou as varetas novamente. Disse que eu iria colocar as varetas amarelas e ela colocaria as vermelhas. Nessa sessão, percebi que ela se tocou diversas vezes. [...] Quando terminamos, perguntei se ela gostaria de jogar novamente. Ela pareceu ficar em dúvida e imaginei ser por causa do tempo que levamos para montar as varetas. Então, falei que eu poderia ajudá-la a montar mais rápido.

Peguei a casinha e ela quis montar os móveis de cada quarto antes de começarmos a brincadeira. Notei que estava ficando meio sem paciência e passei a me policiar para deixar que ela fizesse tudo ao mesmo tempo que a ajudava. Logo conseguimos montar de uma maneira que ela se sentiu bem e começamos a brincadeira.

Nesses trechos, podemos perceber que a retração e o fechamento na fronteira de contato de Carol se expressavam pela organização e pelo controle dos brinquedos, além de um comportamento que ela realizava, aparentemente, para se acalmar diante das sensações que experimentava (Carol se tocava na sua região íntima de forma recorrente, assim como costumava arrancar seus cabelos no passado). É possível que, com esses ajustamentos criativos, ela tentasse evitar o prolongamento do estado de desequilíbrio em seu organismo.

Essa hipótese pôde ser reforçada quando Tatiana comentou que percebia que a filha reagia de forma irônica quando ela dizia que a amava, e também quando Tatiana e Marcelo descreveram a insatisfação recorrente que a filha expressava ao final de um passeio ou uma atividade de lazer. Eles tinham a sensação de que Carol nunca se sentia satisfeita. Talvez, a retração de sua fronteira de contato dificultasse a assimilação do afeto nessas experiências e do que havia vivido.

Essa sensação também pôde ser comunicada por Carol em uma experiência constitutiva, na qual ela expressava sua dificuldade de acordar cedo, a ida para a escola, o anseio de poder descansar na hora do almoço e o retorno para a escola no período da tarde. Após essa brincadeira, quando a narrativa vivida foi escrita e lida para ela, Carol escreveu a frase "Era uma vez" e a colou no final do papel, onde a história estava escrita. Depois desse gesto, ela disse que a história voltava para o começo, o que dava a impressão de que essas atividades seriam repetidas de forma automática ao longo do tempo. Aparentemente a ausência de trocas afetivas em seus contatos levava também a uma sensação de aprisionamento nas tarefas do cotidiano, a uma sensação de que as coisas aconteceriam sempre da mesma forma, com pouco ou nenhum espaço para o diferente e para o novo.

No mesmo raciocínio, na sessão em que Carol comenta que sua princesa favorita é a Rapunzel, ela diz que se tivesse os cabelos da Rapunzel poderia fugir para sentir o "gosto da chuva". Essa fala reforçou a compreensão sobre a sensação de aprisionamento que a acompanhava em seu dia a dia e revelou seu anseio de poder usufruir plenamente do contato com o meio.

A sensação de aprisionamento e a dificuldade de estabelecer trocas afetivas em seus ciclos de contato foram comunicadas de forma ainda mais clara por Carol em uma experiência constitutiva, descrita a seguir.

Espalhamos as peças no chão e ela pareceu ficar sem saber o que poderia montar. Perguntou diversas vezes o que poderia fazer e olhou na caixa para tentar imitar o desenho. Comecei a juntar alguns blocos e disse que poderia ser um prédio, e ela começou a se entreter com a boneca e o cavalo. Aos poucos, passou a me ajudar com o prédio. Fizemos um bloco do lado do outro e ela quis juntá-los [ação afetiva]. Disse que era uma prisão e colocou a Jess (que era a personagem da boneca que ela segurava) lá dentro. Falou que ela ia sair de lá. Peguei um barbante para ajudá-la e ela gostou. Usou o barbante como uma corda e saiu da prisão [empatia e ação afetiva]. Em seguida, ela construiu uma torre e colocou uma cadeira no topo e a boneca sentada lá. A torre desmontou algumas vezes e eu tive de ajudá-la a refazer e a não desistir da história. Quando ela colocou a personagem sentada, colocou também uma peça de cada lado da boneca. Disse que os braços da boneca estavam levantados e, quando ela os abaixou, a torre desmontou. Tive vontade de desistir porque ela é muito detalhista e o tempo estava quase terminando, mas achei que essa era uma história importante de ser contada até o fim e novamente a ajudei a reconstruir a torre [ação afetiva]. Depois de reconstruí-la, ela colocou novamente a personagem sentada com um bloco de cada lado. Disse que ela levantava os braços e quando abaixava tomava um choque. Pediu, então, minha ajuda para segurar o barbante e tirou a boneca de lá [ação afetiva].

Contei a história desde o começo. Falei que a Jess estava na prisão, que ela deveria estar se sentindo sozinha, mas conseguiu sair; daí ela se sentou na torre, mas também deveria estar se sentindo presa porque se mexesse os braços levaria um choque [narrativa]. Ela me ouviu com atenção. Quando a boneca saiu da cadeira, perguntei se ela tinha se libertado. Carol respondeu que daquele momento em diante a Jess passou a dar choque em todas as pessoas em quem ela tocava e que só quando ela fizesse "10, não, 18, não, 20 anos" esses choques iriam passar [a experiência é vivida e comunicada].

Pela comunicação que se estabeleceu, parecia que Carol sentia medo de provocar sofrimento ou fazer algo ruim às pessoas com quem se relacionava (toda vez que a personagem tocava em alguém, ela dava choques). No entanto, é importante notar que a história revela também a esperança de poder vir a estabelecer contatos afetivos (ela diz que os choques vão passar dali a vinte anos).

Tatiana contou, logo na primeira entrevista, que ela e Marcelo brigavam com frequência na frente de Carol sobre a dificuldade que eles enfrentavam com os comportamentos da filha. É possível pensar que a compreensão sobre o medo de provocar algo de ruim a partir do contato que Carol vivenciava podia ser reforçada com essa informação. Além disso, Carol costumava ir, de forma recorrente, ao encontro dos pais, talvez, para se certificar de que eles não estavam bravos com o que ela havia dito.

Ainda a respeito dessa experiência constitutiva, é importante destacar que esta foi concluída e que comunicou um sentido, na medida em que foi sustentada pelo heterossuporte (nesse contexto representado pelos cuidados oferecidos na brincadeira). É possível pensar que a atenção aos movimentos interrompidos tenha favorecido o início do estabelecimento da comunicação, enquanto a empatia com a necessidade expressa por Carol possibilitou a oferta de um cuidado que a atendesse (o barbante para ajudar a personagem a sair da torre). Esse cuidado representa, portanto, uma ação afetiva, que não só mantém a experiência em movimento como também atende à necessidade que a criança expressa. A narrativa também pode ser considerada outro cuidado oferecido pelo heterossuporte, que favorece a comunicação da experiência da criança.

O MANEJO TERAPÊUTICO

Assim, por meio das informações sobre o campo de Carol e, principalmente, das experiências constitutivas, o sofrimento dela foi comunicado. Aos poucos, a própria compreensão de sua experiência parecia favorecer a abertura e restaurar a plasticidade de sua fronteira de contato. Essa compreensão é coerente com o pensamento de Wheeler (2003), que afirma que a abertura da fronteira de contato da criança precisa ser preservada por meio das experiências intersubjetivas (denominadas nesse trabalho experiências constitutivas) e pela presença do outro como interlocutor destas.

Carol começou, então, a expressar suas experiências com crescente autonomia. Nesses momentos, a interlocução oferecida a ela, possivelmente, permitia que usufruísse da sensação de acolhimento e também que assimilasse referências de como agir nas experiências que ela compartilhava. A oferta de interlocução para as experiências que Carol comunicava é ilustrada a seguir.

Enquanto jogávamos, perguntei qual era mesmo a princesa favorita dela e ela disse que era a Rapunzel. Lembrei que ela havia dito que às vezes gostaria de morar sozinha e comentei que, se ela tivesse o cabelo da Rapunzel, poderia escapar de casa quando quisesse. Ela contou que os pais brigam muito com ela, principalmente a mãe, e que ela quer morar em uma casa sozinha. Disse que se tivesse o cabelo da Rapunzel poderia escapar de casa quando estivesse chovendo para se molhar e "sentir o gosto da chuva".

Perguntei como estavam seus pais. Para minha surpresa, ela se interessou em conversar e contou que eles tinham ficado bravos com ela porque ela ficou com vergonha e não disse nem "oi" nem "tchau" para algumas pessoas no final de semana. Perguntei que pessoas eram essas e ela disse que eram amigos de sua família, que ela encontrou pela segunda vez. Comentei que era normal sentir vergonha de pessoas com quem a gente não convive muito. [...]. Ela disse, contorcendo-se na cadeira, que estava com vergonha de me contar essa história. Agradeci sua confiança e disse que ela podia ficar tranquila, que não tinha nada de errado com o que ela sentiu. Expliquei que, às vezes, os adultos confundem vergonha com falta de educação. Ela pediu para que eu explicasse isso a seus pais.

Aproveitei para explicar novamente que nos encontros com seus pais eu explicava esse tipo de coisa.

A confiança, nesse contexto, é a percepção da criança de que a outra pessoa é capaz de ajudá-la a se sentir melhor quando ela necessitar. Nesse sentido, para que o medo do contato pudesse ser ultrapassado e a abertura da sua fronteira de contato, preservada, seria importante que a confiança na relação com os pais também pudesse se estabelecer. Para tanto, seria preciso ajudá-los a oferecer cuidados na relação com a filha (um movimento que pode ser considerado o equivalente às experiências constitutivas no contexto terapêutico) e a interlocução para suas experiências, para que ela pudesse retomar a sensação de bem-estar na presença deles também.

AS SESSÕES DE ORIENTAÇÃO COM TATIANA E MARCELO

As sessões de orientação serviram para promover a empatia de Tatiana e Marcelo com a experiência de Carol, evidenciando o sentido dos comportamentos da filha e oferecendo referências de como eles poderiam agir em cada situação que descreviam.

Assim, os pais poderiam sustentar os ciclos de contato de Carol e ajudá-la a retomar a sensação de bem-estar na presença deles, o que contribuiria para o estabelecimento da confiança na relação. Esses cuidados pareciam necessários, já que ao longo dos anos os pais sentiam-se inseguros na relação com Carol, uma vez que suas ações pareciam ser orientadas pela introjeção dos valores e opiniões das pessoas com quem conviviam.

Na cena a seguir, a descrição do sofrimento de Carol oferece um caminho para sua experiência e favorece a empatia.

Disse que antes de começar uma brincadeira ela se mostrava muito meticulosa na arrumação dos brinquedos. Expliquei que pode ser difícil para ela lidar com emoções mais intensas. Por isso, é possível que, às vezes, ela tente evitar o contato com as emoções, controlando as atividades que realiza, ou desenvolvendo alguns comportamentos que anestesiam ou desviam sua atenção do incômodo que as emoções lhe provocam, como se coçar ou arrancar os cabelos de maneira recorrente. Eles pareceram entender e concordar. Assim sendo, reforcei que o cuidado mais importante naquele momento era ajudá-la a se acalmar sempre que ela expressasse uma emoção.

A narrativa da história que foi criada na sessão com Carol também parece ter favorecido a empatia com o sofrimento da filha.

Relatei, então, a história que Carol e eu montamos com o lego, na qual a bonequinha se sentia sozinha, aprisionada e com medo. Eles me perguntaram como poderiam ajudar a filha. Respondi que o primeiro passo seria sintonizar com o sofrimento de Carol, porque desse modo eles entenderiam melhor o sentido dos comportamentos dela.

E, finalmente, na cena a seguir, foi comunicado o sentido das mudanças no comportamento de Carol em seu dia a dia.

Nesse momento, expliquei o movimento que Carol vinha fazendo. Disse que parecia que ela estava abafando as próprias emoções. Ela começou a se expressar, mas esse movimento vem acompanhado de medo, de insegurança, e seria importante eles entenderem que essa era uma dificuldade e um sofrimento real da filha.

Parece importante destacar que o registro desse caso permitiu identificar que a gradação na forma de comunicar o sofrimento de Carol não foi um cuidado tão necessário quanto nas sessões de orientação com Mariana, no caso de Felipe. Talvez, seja possível considerar que o autossuporte de Tatiana e Marcelo permitia o contato com a alteridade, representada pela experiência de

Carol, o que tonava possível que sua experiência fosse comunicada de forma direta.

Outro cuidado que foi oferecido nas sessões de orientação dos pais e, talvez, tenha ajudado no estabelecimento da comunicação entre eles e a filha foi a interlocução para suas experiências, principalmente no momento em que descreveram a experiência na qual estavam fazendo uma pizza, que era uma receita da avó que havia falecido, e Carol ficou agitada. Marcelo e Tatiana identificaram a dificuldade de conversar com a filha a respeito da morte da avó, pois eles próprios não conseguiam dar um sentido à perda e, assim, integrar a experiência que viveram. Nesse contexto, a interlocução que ofereci possibilitou o compartilhamento de algumas referências de sentido e possivelmente representou um cuidado que pode ter ajudado na integração e apropriação da experiência vivida. Com o autossuporte ampliado, Tatiana e Marcelo poderiam oferecer suporte ou interlocução para a tristeza que Carol parecia expressar diante da mesma experiência – a lembrança da avó que havia morrido.

Além disso, por meio da interlocução para suas experiências, Tatiana e Marcelo puderam entrar em contato com a sensação de vazio e receber referências de como poderiam direcionar sua energia para lidar com esse sofrimento. As trocas afetivas com a filha, nesse sentido, representariam, ao mesmo tempo, uma forma de atender às próprias necessidades e de cuidar da necessidade que Carol expressava.

Aos poucos, ao que tudo indica, Tatiana e Marcelo conseguiram discriminar as expectativas que haviam introjetado em relação ao que esperavam da filha. No dia a dia, eles diziam que a sentiam mais próxima, expressando-se com mais facilidade. No entanto, identificavam uma dificuldade para lidar com Carol nos momentos em que estavam juntos com os avós e os tios. É possível pensar que nessas situações Tatiana e Marcelo estavam se distanciando das introjeções, mas ainda norteavam os cuidados para a filha a partir da expectativa dos familiares, principalmente quando eles estavam presentes.

Na cena que segue, Tatiana conta que identificou qual era a necessidade da filha. Carol estava se sentindo envergonhada no contato com crianças com quem ela não tinha muita intimidade ou rejeitada pela prima. Porém, Tatiana não agiu no sentido de oferecer um cuidado que atendesse à necessidade da filha. Esse gesto foi comprometido, possivelmente, pela irritação que ela sentiu ao constatar que Carol não estava se comportando da forma como os seus familiares julgavam adequado.

Disse que a filha estava com a prima e não conseguiu se enturmar. Contou que quando a prima foi brincar com as outras crianças Carol ficou emburrada, mas só expressou sua insatisfação dizendo que queria entrar na piscina e não podia. Tatiana disse que sabia que esse não era o motivo. Deixei que ela terminasse de contar. Ela falou que dois dias depois a filha contou que tinha ficado brava porque não conseguiu brincar com as outras crianças.

Com o heterossuporte representado pelos cuidados apresentados anteriormente, Tatiana e Marcelo conseguiram, aos poucos, se aproximar de forma empática da experiência da filha, o que possibilitou que Tatiana pudesse oferecer um cuidado que atendesse à necessidade de Carol, mesmo na presença dos avós e dos tios. O momento em que Tatiana consegue acalmar a filha, que estava triste, porque a prima tinha ido brincar com sua irmã e a deixado de lado, representou para Carol, talvez, a assimilação da confiança e a abertura ao heterossuporte necessário para sustentar suas experiências.

A abertura de Carol e a assimilação do afeto foram comunicadas por meio do desenho da janela aberta, através da qual era possível ver um coração, que tornava o arco-íris colorido.

A figura a seguir ilustra a transformação na qualidade das experiências de Carol no meio a partir da superação do impasse que vivenciava em seu processo de desenvolvimento.

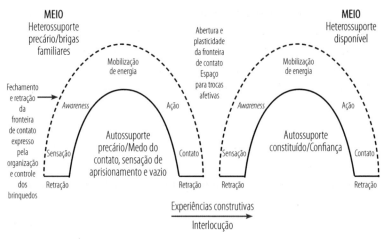

Figura 8 – O processo de abertura da fronteira de contato de Carol.

AS CONQUISTAS DE CAROL A PARTIR DA SUPERAÇÃO DO IMPASSE EM SEU PROCESSO DE DESENVOLVIMENTO

Nesse momento, de modo coerente com as ideias de Wheeler (1998) sobre a relação entre a experiência de continuidade de *self* e a construção de uma narrativa de si coerente, também foi possível construir uma nova narrativa de si para Carol, a partir do sentido que cada experiência vivida na relação terapêutica comunicou. A *cena* criada ao longo do processo terapêutico pode ter promovido a experiência de continuidade do *self*, o que favoreceu a cocriação de uma narrativa de si integrada e coerente, levando em conta o sofrimento que Carol enfrentava (a casa vazia), seu anseio (a presença do coração) e sua conquista (a abertura da janela, que dava para o arco-íris).

Essa narrativa pode promover uma reflexão interessante. É possível pensar que a experiência constitutiva compartilhada por Carol e sua mãe não apenas estabeleceu a confiança na relação mãe e filha – o que foi comunicado por Carol com o desenho da janela aberta com a vista para um coração que coloria o arco-íris –, como também pode ter oferecido para Carol a experiência de se sentir amada e aceita por Tatiana. Desse modo, o autossuporte de Carol foi ampliado na medida em que ela pôde construir uma narrativa de si mesma, o que significa que conquistou a *awareness* de si. Aliada a essa conquista, Carol também usufruiu da experiência de que ela era amada e aceita ao se expressar com espontaneidade. Ou seja, ela passou a saber quem era e pôde se sentir aceita por isso.

Essas conquistas, possivelmente, a incentivaram a revelar sua singularidade cada vez mais na relação com as pessoas. Seus pais comentaram, na sessão de fechamento, por exemplo, que lhes chamava atenção as piadas que Carol começou a contar. Eles diziam que nunca haviam percebido quanto a filha era engraçada. Comentaram também que estavam surpresos com a habilidade que ela demonstrava para conversar de maneira aberta e direta.

Essas novas características singulares de Carol, que rapidamente começaram a se evidenciar na relação com os pais, podem indicar que ela passou a contar com recursos para que suas experiências em seus ciclos de contato pudessem ser vividas como sucessivos ajustamentos criativos. Ou seja, ela tinha suporte (auto e heterossuporte), abertura e plasticidade em sua fronteira de contato para assimilar o que vivia no contato com o outro e seguir com seu desenvolvimento a partir dessas experiências, bem como recursos para imprimir a marca de sua singularidade nas relações que estabelecia. Esses movimentos são coerentes com a definição que Cardella (2014) apresenta sobre a dimensão saudável dos ajustamentos criativos.

O RACIOCÍNIO CLÍNICO QUE JUSTIFICA O ENCERRAMENTO DO PROCESSO

Assim, de um lado, Tatiana e Marcelo conseguiram empatizar com Carol e experimentaram a segurança necessária no papel de cuidador, na medida em que passaram a nortear os cuidados, a partir das necessidades que identificavam na relação com a filha. E Carol parecia haver estabelecido uma abertura e plasticidade em sua fronteira de contato e assimilado o suporte necessário para começar a realizar ajustamentos criativos em seus ciclos de contato. Nesse contexto, era possível supor que Marcelo e Tatiana poderiam oferecer a interlocução e sustentar as experiências constitutivas necessárias para preservar a abertura da fronteira de contato da Carol, o que indicava que os cuidados oferecidos na psicoterapia não eram mais necessários. Nesse sentido, este caso talvez ilustre com clareza dois aspectos importantes. Fica clara a importância da participação dos pais no processo terapêutico da criança, uma vez que a mudança na qualidade da relação com eles parece ser fundamental para que a criança possa ultrapassar o impasse que enfrenta em seu desenvolvimento. Além disso, percebe-se também que um dos propósitos do processo de psicoterapia com crianças precisa ser o de sustentar a possibilidade de os pais oferecerem os cuidados que o psicoterapeuta vem oferecendo na relação com a criança, o que significa que a intenção do psicoterapeuta de crianças precisa ser a de que um dia os pais possam sustentar as experiências da criança com autonomia e, desse modo, os cuidados oferecidos pelo psicoterapeuta podem ser prescindidos.

DESCRIÇÃO DAS SESSÕES TÍPICAS DO PROCESSO TERAPÊUTICO DA RELAÇÃO DE MELISSA E BEATRIZ

27/8/2014
PRIMEIRA ENTREVISTA: DUAS QUEIXAS E O INÍCIO DO PROCESSO TERAPÊUTICO DE UMA RELAÇÃO

Melissa me procurou em busca de ajuda para se relacionar com sua filha mais velha, Beatriz, que na época do início dos atendimentos tinha 3 anos de idade. Melissa e seu marido são médicos. Na época do processo terapêutico, Melissa se dedicava ao consultório durante três tardes da semana e trabalhava em um posto de saúde uma manhã por semana. Seu marido atendia em seu consultório em período integral. Além disso, ele estava fazendo doutorado. Por esse motivo, durante os finais de semana, era comum que ele precisasse ficar sozinho em casa para se dedicar à sua pesquisa.

Na primeira entrevista, Beatriz foi descrita pela mãe como uma criança insegura. Melissa entrou em contato comigo para marcar a primeira sessão por e-mail e, nessa primeira mensagem, ela havia associado a insegurança da filha à maneira como elas se relacionaram durante o primeiro ano de vida da criança.

Na primeira sessão, percebi que Melissa falava muito rápido e parecia um pouco ansiosa. Foi difícil acompanhar seu relato, porque ela contava os acontecimentos conforme ia se lembrando deles. Tentei organizar as informações que ela relatava em ordem cronológica. Ao fazer isso, fiquei com a impressão de que Melissa descrevia situações em que a filha enfrentava diferentes impasses e lhe disse isso. Ela concordou com minha compreensão e reforçou que era justamente esse o problema. Assim, chamou minha atenção que eu só consegui entender o comportamento da filha que ela considerava problemático depois de fazer algumas intervenções, como, por exemplo, pedindo exemplos, organizando sua fala em ordem cronológica e empatizando com a experiência da filha.

Assim, o relato de Melissa era confuso e fragmentado. Segundo ela, quando surge uma necessidade em sua filha, ela tenta cuidar dessa necessidade, mas parece que o cuidado não acalma a criança. Melissa exemplificou que, um dia, as duas estavam no parque e a filha estava brincando normalmente, até que disse que queria ir ao banheiro. A mãe ia levá-la ao banheiro do parque, mas a menina disse que não queria ir naquele. Então, Melissa falou que seria melhor irem embora para que Beatriz pudesse ir ao banheiro de casa. Nesse momento, a filha começou a chorar dizendo que queria ficar mais tempo no parque. Melissa contou que ela ficou parada, olhando para o nada, chorando. Beatriz não estava mais brincando, mas também não queria ir nem ao banheiro do parque nem embora para casa.

Outro exemplo de Melissa foi do dia em que ela desceu com o marido e os dois filhos (Beatriz tem um irmão mais novo) para brincar no playground do prédio. Estavam brincando com uma bola. Como a filha estava vestindo uma malha, ela sentiu calor e pediu para tirar a blusa. Quando a mãe foi ajudá-la, Beatriz começou a chorar. Tanto Melissa quanto o marido não conseguiram acalmá-la e subiram de volta para o apartamento. Ela disse que foi um "escândalo", a filha foi chorando do playground até o apartamento sem parar.

No dia do parque, Melissa contou que ficou muito irritada e perdeu a paciência com a filha. Pegou a menina dizendo que iriam para casa. Beatriz foi chorando o caminho todo. Quando chegou à casa, Melissa só queria ficar longe da filha para poder "respirar".

Ela contou que sua mãe a educou com muita rigidez e que leu muitos livros sobre como fazer um bebê dormir a noite inteira. Para ela, isso sempre foi uma prioridade. Contou que, por diversas vezes, deixou a filha chorando quando acordava no meio da noite. Segundo a orientação do livro que ela havia lido, sua intenção era permitir que a filha pudesse aprender a pegar no sono por conta própria. Essa postura provocava discussões com o marido, já que ele não concordava com a técnica. Disse que, na época, insistiu com ele para manter essa postura, pois tinha receio de que a filha se acostumasse a dormir só no colo das pessoas. Melissa associou esse episódio com a insegurança que Beatriz expressa atualmente. Ela parecia arrependida de ter assumido tal postura no passado e, por isso, parecia estar em busca de novas referências de como agir nessa relação.

A mãe contou também que tem uma amiga psicóloga e que, sempre que conversa com ela, tem a sensação de que a relação com a filha melhora. Disse que, naquela semana, a filha chorou porque o pai ia viajar e ela foi sensível, conseguindo acalmá-la, mas que se essa situação tivesse acontecido na semana anterior ela teria se irritado com o choro da filha. Relatou também que, em diferentes situações, ela e o marido começaram a perceber que são muito mais tranquilos com o segundo filho do que com Beatriz, que é a filha mais velha. Ela queria fazer um acompanhamento, porque, por diversas vezes, quando acreditava que as coisas estavam melhorando, a filha apresentava um novo "problema".

Compartilhei com ela minha compreensão sobre o impasse que a filha enfrentava quando percebia que precisava dos cuidados de outra pessoa. Sugeri que, nessas horas, ela poderia agir de uma maneira nova, para surpreendê-la. Disse que ela poderia responder a essas situações de impasse com carinho, abraçando e beijando a filha e questionando o que poderia fazer para que ela se sentisse melhor (voltar para casa ou tirar a malha, por exemplo).

Essa orientação parece ter feito sentido para Melissa, porque ela contou que um dia estava observando uma brincadeira de Beatriz, em que ela estava interpretando um personagem que fazia coisas erradas. Nessa hora, a mãe perguntou o que a boneca precisava para que ela pudesse se comportar melhor e fazer as coisas certas. Segundo Melissa, a filha respondeu: "Um beijinho". Nesse momento, nós duas ficamos com os olhos marejados.

Combinamos fazer algumas sessões com uma frequência semanal e fiquei de confirmar o horário com ela para a próxima semana.

10/9/2014
TERCEIRA SESSÃO: INÍCIO DA COMUNICAÇÃO DO IMPASSE DE MELISSA

Melissa começou a sessão contando a manha que a filha faz todas as quintas-feiras. Achava que era porque Beatriz ficava na casa da sogra, mas como naquela semana ela ficou em casa, Melissa começou a achar que era por causa de seu marido. Quinta-feira é o dia em que ela trabalha de manhã e costuma sair mais cedo, sendo o marido responsável por levá-la à escola. Relatou que ele está sempre muito apressado para arrumar a filha porque também tem de ir trabalhar em seguida, o que costuma gerar alguns conflitos entre eles – por exemplo, ela contou que seu marido ligou-lhe perguntando o que deveria fazer para convencer a filha a colocar o uniforme. Nesse momento, os olhos dela ficaram marejados. Imaginei que ela poderia estar se sentindo cansada e lhe disse isso. Melissa confirmou, mas em seguida comentou que está esperando o doutorado do marido terminar, com a expectativa de que ele possa vir a ter mais tempo para ajudá-la com os filhos.

Melissa relatou que o marido tem uma relação complicada com o pai. Disse que ele se lembra do pai falando que ele não seria ninguém. Comentei que ele parecia ressentido e buscando reconhecimento, e que ela estava cuidando para que ele pudesse percorrer esse caminho. Melissa se lembrou de uma fala da sogra. Disse que ela costuma agradecê-la por permitir que o filho dela seguisse os seus sonhos. Seus olhos ficaram marejados novamente.

Perguntei, então, sobre seus sonhos e ela disse que gostaria que seu consultório fosse mais movimentado. Comentei que seria importante viabilizar esse desejo. Disse que ela parecia estar se sentindo sobrecarregada e, por isso, precisava fazer um grande esforço para poder continuar trabalhando. Ela encerrou o assunto dizendo que era feliz cuidando dos filhos para que eles não fossem pessoas loucas. E voltamos, então, a falar de Beatriz.

Melissa contou que foi ao supermercado com Beatriz depois da escola. Durante as compras, a filha começou a chorar porque não conseguia decidir qual marca de leite com chocolate queria e, depois desse episódio, ficou chorosa a tarde toda.

Nesse mesmo dia, no final da tarde, quando o pai chegou em casa, Beatriz ficou com o pai e o irmão enquanto Melissa foi arrumar o quarto. O marido, então, a chamou. Melissa disse: "Como se eu não estivesse fazendo nada e tivesse largado as crianças com ele". Novamente, percebi que ela estava com vontade de chorar e, mais uma vez, imaginei que ela poderia estar cansada. Dessa vez, pensei que ela poderia não saber como comunicar a necessidade de receber ajuda.

1/10/2014

QUINTA SESSÃO: O FUNDO DO IMPASSE DE MELISSA

 Melissa contou que a filha deixou-a sair de casa com tranquilidade: ela estava no parquinho do prédio brincando com Beatriz e lhe falou que só poderia brincar um pouco porque teria de sair, ao que a menina aceitou bem. Contou que a filha tinha caído de manhã em casa e machucado a boca. Sangrou bastante e ela não estava naquela hora – era o marido quem estava cuidando dela. Por isso, passou na casa de uma vizinha, que é dentista, para que ela pudesse olhar a boca da filha e não puderam ficar muito tempo no parquinho.

 Perguntei se a filha não tinha ficado assustada porque o machucado tinha sangrado bastante, ao que ela respondeu que a menina não tem medo de sangue. Disse que Beatriz sempre foi um pouco diferente, que achava que ela seria médica também. Contou que, certa vez, quando foram à casa de um tio portador da doença de Parkinson, a filha ficou próxima dele, fazendo carinho. E que na semana anterior, elas encontraram no clube uma criança com paralisia cerebral e Beatriz foi fazer carinho nela.

 Perguntei à Melissa como ela havia decidido que queria ser médica. Ela respondeu que, segundo sua mãe, desde que tinha 3 anos de idade ela costumava dizer que seria médica. Desde que se lembra, sempre teve esse pensamento de querer prestar vestibular para Medicina. Na época do cursinho, chegou a ficar em dúvida e resolveu também prestar Pedagogia como segunda opção, caso não passasse em Medicina.

 Melissa relatou que seu marido estava trabalhando um pouco menos. Por um período, ele deveria ficar um pouco mais tranquilo e conseguir passar o final de semana com a família. Disse que no final de semana foram ao clube e a uma festinha de criança. Comentou que na segunda-feira a filha ficou "chatinha" de novo. Pedi-lhe para relatar com mais detalhes. Ela informou que a filha queria uma fivela para colocar no boneco e Melissa disse-lhe onde estava. Beatriz foi buscá-la e, quando voltou e viu a mãe com o irmão no colo, começou a chorar. Então, Melissa pegou-a no colo e a acalmou. Perguntou-lhe se estava triste. A menina logo ficou bem.

No dia seguinte, a filha lhe disse que estava triste e começou a rir. Melissa achou que Beatriz estava "manipulando" a situação. Tentei esclarecer que a necessidade de afeto é real e talvez a filha estivesse comunicando que tinha gostado do carinho que recebera no dia anterior e que queria mais. Ela pareceu não dar muita importância para esse evento, nem para a minha fala. Precisei, então, começar a investigar outro tema e fazer perguntas sobre ela. Questionei sobre a clínica onde iria trabalhar. Ela disse que seu pai iria buscar a filha na escola e por isso ela poderia começar a trabalhar lá, porém, ela teria de esperá-lo voltar de viagem.

Começamos, então, a falar de sua família. Essa mudança de foco de Beatriz para a própria Melissa era delicada, porque ficava com receio de estar fugindo do objetivo pelo qual ela me procurou, mas ao mesmo tempo faço essa mudança de maneira intencional, por acreditar que o contato com suas necessidades pode, de alguma forma, ajudá-la a se relacionar de maneira mais afetiva com a filha. Precisei fazer muitas perguntas a respeito de seus irmãos, pois ela dava respostas curtas e pouco elaboradas. Ela relatou a profissão de cada um deles. Contou que sua mãe veio de uma família mais humilde e seu pai, de uma família muito rica. Disse que o pai foi mandado embora do trabalho havia alguns anos e que, desde então, não trabalhava mais, o que era motivo de inúmeras brigas com sua mãe, que não se conforma que o marido não faça nada.

Ela confessou que sempre foi muito cobrada pela mãe e que, talvez por isso, sempre foi muito boa aluna. Disse que quando era criança sua mãe não aceitava notas abaixo de oito. Contou também que a mãe se apoia muito nela, principalmente em relação às brigas com o pai, e que este é uma pessoa muito tranquila, mas que explode quando não aguenta mais as críticas da esposa.

Comentei que o pai, possivelmente, abafava suas emoções. Ela confirmou, dizendo que ele não está bem de saúde e que já teve uma depressão séria quando ela tinha 8 anos de idade. Quando pedi para que contasse mais sobre a época da depressão do pai, ela disse, mais uma vez, que não se lembrava desse evento, apenas do relato de sua mãe.

Descrevi a maneira de se relacionar que parecia haver sido estabelecida entre seus pais – que parecia que a mãe impunha suas opiniões com muita intensidade e o pai, para evitar o confronto, abafava suas próprias emoções, até o momento em que não aguentava mais e explodia. Comentei também que, para quem estivesse observando apenas a reação do pai no momento em que ele explodia, poderia parecer que ele era uma pessoa descontrolada.

Perguntei se sua relação com a mãe era semelhante. Ela deu diversos exemplos relacionados ao nascimento da filha, como quando a mãe insistia em dar pão de queijo ou água para Beatriz quando ela ainda tinha meses de vida e Melissa gritava com ela para que seu "não" pudesse ser respeitado. Ela contou que a resposta da mãe nesses momentos era que ela precisava se tratar. Melissa foi ficando com os olhos marejados. Comentei que suas necessidades pareciam não ter espaço na relação com ela.

No final da sessão, Melissa relatou o susto pelo qual passou com a saúde do pai. Disse que, havia muito tempo, ele estava adiando um exame no intestino. Quando ele finalmente fez o exame, ela recebeu uma ligação do médico que analisou o exame dizendo que era uma lesão maligna. Logo em seguida, ela conversou com uma amiga que também é médica, que a orientou a esperar a biópsia. Ela se acalmou com essa conversa. Porém, no dia seguinte, ainda teve de ir a um velório. Comentei, então, que estava surpresa com esses acontecimentos, pois ela havia dito que o final de semana havia sido tranquilo. Ela disse que foi tranquilo em relação à filha e se lembrou que o marido foi muito insensível quando ela recebeu a notícia de que a lesão do pai poderia ser maligna. Melissa disse que ele não a abraçou e deixou-a sozinha para ir cuidar dos filhos. Ela disse que depois falou com ele, e ele achou que estava ajudando agindo dessa forma.

16/10/2014
SÉTIMA SESSÃO: AMPLIAÇÃO DA COMUNICAÇÃO DO IMPASSE DE BEATRIZ

Melissa chegou contando que seu dia havia sido muito corrido. Disse que começou a atender na nova clínica, depois foi para o seu consultório, passou na casa dos seus pais e veio para a sessão. O marido tinha ficado o dia inteiro em casa com os filhos. Percebi que essa era uma experiência nova e comentei isso. Ela parecia animada por ter atendido vários pacientes de manhã. Disse que sentia falta, mas não se estendeu no assunto.

Perguntei sobre seus pais e ela disse que eles tinham voltado de viagem. Comentou que sua mãe estava implicando com o pai, mas também não quis se estender nesse assunto. Questionei, então, sobre os filhos e ela contou que no dia anterior havia sido o aniversário de seu filho, e que seus irmãos tinham ido até a casa dela para almoçar e cantar parabéns. Disse que a filha ficou de cara fechada quando o irmão recebeu os presentes, mas comentou que achava essa reação natural.

Em seguida, lembrou-se da relação da filha com uma amiga e percebi que tive dificuldade para entender seu relato. Ela contou que a melhor amiga de Beatriz foi à sua casa naquela semana. Ela ficou observando que a menina puxava sua filha de forma agressiva para fazer o que ela queria e, quando a filha dizia não, falava que queria ir embora, ou que não ia mais ser amiga dela. Comentei que, se ela percebeu que essas atitudes incomodavam a filha, ela poderia conversar com ela. Melissa me interrompeu dizendo que a filha "não é santa". Disse que ela já tinha feito o mesmo com essa amiga e que também costumava provocar outras crianças em outras situações.

Nesse momento do relato, eu me senti um pouco confusa, porque pela forma como Melissa vinha contando ela parecia estar preocupada com as imposições que a amiga fazia à sua filha, mas em seguida sua preocupação parecia ter mudado. Entendi que ela estava preocupada com a maneira impositiva de a filha se relacionar em algumas situações. Percebi então que ela estava falando do mesmo fenômeno, que era a maneira de a filha se relacionar com os amigos, que oscilava entre uma postura autoritária e uma submissa. Comentei essa constatação com Melissa e ela concordou. Perguntei se a filha ficou chateada depois que a amiga foi embora e ela disse que achava que Beatriz nem havia percebido que a tarde fora desgastante.

    Questionei sobre as outras amizades da filha e Melissa disse que essa menina era a melhor amiga de Beatriz na escola. Contou que a professora comenta que elas ficam o tempo todo juntas. Perguntei, então, se em seu prédio havia outras crianças da mesma faixa etária de Beatriz. Melissa respondeu que Beatriz prefere brincar sozinha quando elas descem para a área de lazer do prédio. Pareceu estar justificando a atitude da filha ao dizer que essas crianças "ficavam muito com as babás" e eram muito "diferentes". Perguntei o que ela notava de diferente e Melissa indagou que elas gostavam de esmalte e maquiagem, por exemplo, o que ela não aprova. Nesse momento, ela passou a assumir uma postura crítica e rígida. Percebi que dificilmente poderia dizer algo diferente de sua opinião sem que ela reagisse de forma agressiva.

    Melissa contou, então, sobre uma festa a que foram e onde a filha sumiu com algumas amigas. Disse que quando a achou percebeu que ela estava maquiada. Melissa imitou a forma como falou com a filha e a bronca que deu na monitora que fez a maquiagem. Nada do que a monitora dizia parecia ser capaz de reparar o "erro" de ter maquiado as crianças. Ela ficou bem alterada enquanto se lembrava desse acontecimento e, automaticamente, me coloquei no lugar de Beatriz, imaginando como ela deve ter se sentido naquele dia. Porém, Melissa parecia muito convicta de que estava agindo da forma correta. Ela disse, também, que quando chegaram em casa tirou a maquiagem da menina, que ficou perguntando se ela estava brava. Ela disse que não, que estava brava com a monitora. Comentei quanto a filha percebe o que a deixa chateada e quanto sua aprovação é importante para ela. Melissa concordou.

Ela comentou que só foi usar esmalte com 15 anos de idade. Perguntei se ela era "desencanada" e ela contou que foi escoteira por muitos anos, o que, segundo ela, foi importante para ajudá-la a superar sua timidez. Questionei se ela foi uma criança tímida e ela respondeu que até hoje brinca com o marido que, quando eles vão viajar, sempre voltam sem conhecer ninguém novo. Disse que tem dificuldade para fazer novas amizades e que seu irmão é o oposto, que ele sai falando com todo mundo com muita facilidade.

Ela disse que a filha também era tímida e voltamos a falar de Beatriz. Melissa contou que com a aula de ginástica a filha estava mais confiante. Relatou também que ela subiu em um brinquedo de que tinha medo e pulou na piscina, coisa que nunca havia feito.

26/11/2014
DÉCIMA SESSÃO: A COMUNICAÇÃO DO IMPASSE DE MELISSA POR MEIO DE UMA EXPERIÊNCIA CONSTITUTIVA

No começo da sessão, conversamos sobre o hábito que Melissa tem de praticar esportes, já que ela iria a uma aula de ginástica após aquele encontro. Melissa contou que atualmente está fazendo pouco esporte. Perguntei se antes de ter as crianças ela costumava fazer outros esportes e ela disse que gostava de correr. Contou que chegou até a participar de algumas competições e, sem dar importância, mencionou que tinha asma e, por esse motivo, ficou muito feliz quando conseguiu concluir a primeira prova de corrida.

Pedi, então, que recontasse a história da asma. Ela disse que quando era pequena ia bastante ao pronto-socorro e ressaltou que sua mãe não considera bronquite a mesma coisa que asma. Para a mãe, até hoje, Melissa não pode falar que tem asma. Disse que ficou sem diagnóstico e tratamento adequado até a faculdade, quando foi a um pneumologista por conta própria. Disse que ele aumentou bem os remédios, que ela toma até hoje. Durante esse relato, percebi que precisava fazer várias perguntas para conseguir acompanhar sua narrativa. Isso porque Melissa, com frequência, omite alguns fatos e não segue uma ordem cronológica para relatar a sequência dos acontecimentos, além de expressar pouca emoção enquanto fala.

Ela comentou que conseguiu ficar sem os remédios na gravidez da filha, mas voltou a tomá-los logo depois de seu nascimento. Disse que teve pneumonia nas duas vezes em que ficou grávida. Contou também que é alérgica a vários medicamentos, e que na adolescência teve uma reação alérgica grave. Acabei não pedindo que detalhasse, porque ela emendou dizendo que tinha começado a ter enxaqueca e preferi perguntar sobre suas dores de cabeça. Disse que um dia saiu da sessão e foi tomar um sorvete de chocolate, e, depois disso, começou a sentir ânsia de tanta dor. Ela associou esse evento ao chocolate.

Direcionei a conversa para seus filhos, pois tive receio de que ela pudesse se sentir desconfortável em focar a sessão inteira apenas nela. Perguntei se as crianças tinham asma. Ela disse que o filho teve um episódio de bronquite, mas que não evoluiu, e que todos eles têm rinite e alergias. Então, ela entrou no tema que queria contar. Disse que sua filha ficou "muito difícil" durante a semana anterior e ressaltou que os filhos não estão mais dormindo bem. Contou que o filho teve uma virose e que depois eles passaram alguns dias na casa da sogra por causa de uma reforma que fizeram na própria casa, e em seguida foram viajar. Com esses acontecimentos, os filhos deixaram de dormir a noite inteira e isso era algo que a estava preocupando. Relatou também que tinha receio de como iria ser nas férias, já que seria mais difícil manter a rotina dos filhos.

Perguntei o que a filha havia feito durante a semana. Ela teve dificuldade para relatar os exemplos. Precisei ajudá-la, perguntando onde foi e o que aconteceu. Disse que estavam em um parque no final de semana, onde havia algumas atividades para as crianças. Alguns monitores estavam ajudando-as a fazer biscoitos e Beatriz queria fazer, mas não queria colocar a touca que os monitores pediram para colocar. A mãe respondeu que ela não precisava colocar ou que eles poderiam fazer outra coisa, e a menina chorava porque queria fazer os biscoitos. Ressaltei que Beatriz parecia estar em um impasse mais uma vez. Melissa prestou atenção ao meu comentário, mas pareceu ansiosa em saber como agir. Tentei oferecer algumas orientações, dizendo que ela poderia tentar olhar para a filha, pedir para que ela respirasse fundo e se acalmasse, e sugerir que ela fizesse os biscoitos, sem precisar colocar a touca, pois parecia que era isso que Beatriz gostaria de ter feito. Ela pareceu gostar dessa orientação mais prática e diretiva.

Em seguida, contou-me da bronca que deu na filha. Disse que Beatriz pediu desculpas, mas ela respondeu que estava muito chateada. Eu, colocando-me novamente no lugar de Beatriz, perguntei se ela não poderia ter aceitado as desculpas da menina. Porém, percebi que nesse momento Melissa e eu começamos a entrar em confronto. Ela começou a justificar sua atitude e eu passei a defender outra possibilidade de agir. Como percebi que já havia expressado um ponto de vista diferente e que me estender no confronto poderia desgastar nossa relação, decidi recuar e dizer que entendia o sentido do que ela havia feito para que pudéssemos mudar de assunto.

Quando nos aproximamos do final da sessão, Melissa comentou que havia colocado os dois filhos para dormir juntos, a fim de ficar menos cansativo para ela. Pensou que a filha talvez estivesse sentindo falta de ser colocada para dormir sozinha com a mãe. Nesse momento, em vez de ressaltar a necessidade da filha, tentei ressaltar a necessidade da mãe, pois percebi que ela estava começando a expressar o cansaço que sentia.

Disse, então, que ela, possivelmente, estava colocando os dois juntos para dormir porque estava muito cansada, e que, realmente, ela vinha fazendo referências a essa sensação havia bastante tempo. Ao me colocar no lugar dela, pensei em uma alternativa e perguntei se ela costumava pedir ajuda às pessoas. Ela riu de maneira desconfortável e se encolheu na poltrona. Comentei que ela parecia uma pessoa muito resolutiva e forte e que sua aparência não demonstrava o cansaço que estava sentindo. Por isso, se ela não pedisse ajuda ao marido ou às outras pessoas, eles poderiam não notar que ela estivesse precisando descansar.

Ela disse que já pensou em contratar uma babá para dormir em sua casa, mas que se irrita em ter de pedir que as pessoas façam as coisas. Disse que gostaria que seu marido adivinhasse o que ela queria que ele fizesse. Falou que quando ela tem de pedir algo fica irritada e prefere fazer sozinha, por conta própria. Comentei que ela também estava em um impasse: se ela continua cuidando de tudo sozinha, ela fica cansada e ultrapassa os limites do seu corpo, mas se tem de pedir ajuda, ela se sente bloqueada pela irritação. Ela concordou e eu fiquei com a impressão de que tinha conseguido, pela primeira vez, empatizar com o sofrimento de Melissa.

3/2/2015
DÉCIMA SEGUNDA SESSÃO: A COMUNICAÇÃO DO IMPASSE DE BEATRIZ POR MEIO DE UMA EXPERIÊNCIA CONSTITUTIVA

Na semana anterior, Melissa faltou porque o filho estava doente. Hoje, ela veio com a filha direto da escola, porque era a semana de adaptação escolar. No começo da sessão, perguntei a Beatriz qual brinquedo ela queria e sugeri que as duas brincassem juntas. Minha sugestão pareceu não corresponder à expectativa de Melissa, pois fiquei com a impressão de que ela teria gostado de deixar a filha brincando para poder conversar comigo.

Beatriz começou a brincar com a casinha. Percebi que ela colocou a filha e a mãe dormindo juntas. Melissa sentou na poltrona e começou a descrever os acontecimentos da semana. Disse que mandou a babá embora porque Beatriz falou que ela tinha lhe mandado calar a boca. Contou também que os avós foram agressivos com Beatriz, o que a deixou chateada. Ressaltei sua capacidade de sintonizar com a filha.

Em seguida, Beatriz pegou um jogo de varetas e Melissa começou a jogar com a filha. Quando passou o interesse pela brincadeira, perguntei se elas gostariam de fazer um desenho. Beatriz logo começou a desenhar na cartolina que dei a elas. Enquanto a filha desenhava, Melissa fazia algumas perguntas que pareciam ter uma intenção pedagógica – por exemplo, ela apontava para o desenho da filha e perguntava "Que forma é essa?"

Decidi participar do desenho com a intenção de aproveitar essa oportunidade para tentar me comunicar com Beatriz. Ela se interessou pela cola, colou os palitos e disse que iria fazer a casa dos três porquinhos. Começou a colar umas etiquetas em cima dos palitos. Perguntei para que serviam as etiquetas e ela respondeu que elas iriam deixar a casa mais resistente para não ser derrubada pelo lobo. Disse que o lobo não conseguiu derrubar a casa e tentou entrar pela chaminé, mas foi queimado e morreu. Ela pediu que eu fizesse dois porquinhos dentro da casa. Ela disse que eram duas meninas e desenhou quatro portas. Retomei a história. Comentei que o lobo tinha tentado derrubar a casa e não conseguiu. Por isso, tentou entrar pela chaminé e foi queimado. Perguntei se os porquinhos estavam mais tranquilos porque o lobo não estava mais por perto. Ela disse que as portas da casa estavam abertas, mas elas não podiam sair porque tinha outro lobo atrás da árvore. Perguntei se eu podia desenhar a árvore e o lobo e ela deixou. Enquanto isso, ela terminou de colar as portas.

Descrevi a história mais uma vez. Ela pareceu atenta e percebi o medo que ela expressou.

Pareceu que essa experiência foi significativa para Beatriz, já que ela pediu para levar o desenho. Além disso, no final da sessão, ela parecia não querer ir embora, pois pediu água, e queria levar uma colher, que estava próxima à garrafa de água de onde lhe servi um copo, até que sua mãe interveio, pegou a colher de sua mão e elas foram embora.

1/4/2015
DÉCIMA QUINTA SESSÃO: O COMEÇO DA TRANSFORMAÇÃO NA RELAÇÃO DE MELISSA E BEATRIZ

Nessa sessão, Melissa parecia mais tranquila. Ela comentou que, conversando com o marido, percebeu quanto eles tratavam Beatriz diferente do filho. Deu um exemplo de quando estavam dando banho nos dois juntos. Falou que o menino começou a chorar e na mesma hora entrou xampu nos olhos da menina, que também chorou. Ela disse que percebeu que o marido logo mandou Beatriz parar, achando que fosse manha. Contou outra situação na qual ela ia dar banho no filho e ele queria sair do quarto. Disse que se fosse com a filha ela iria brigar, mas com o filho agiu diferente. Percebeu que ele queria sair do quarto e ela deixou. Ele foi pegar um brinquedo que estava na varanda e voltou para o banho.

Surpreendi-me com esse relato e enfatizei quanto era importante o que ela estava me contando. Ela pareceu emocionada e comentou que precisava usar isso que tinha percebido. Eu disse que o fato de ela ter percebido que age de modo diferente era como se ela tivesse percebido que existia algo que se colocava entre ela e a filha que impedia que ela entendesse o que a menina queria.

Comentei também que as coisas pareciam melhores porque a vida dela e da família pareciam estar mais estáveis. Ela descreveu, então, todas as mudanças que enfrentou desde o nascimento da filha. Disse que teve sangramento nas duas vezes em que ficou grávida. Contou que na segunda gravidez foi pior, porque ela não podia pegar a filha no colo. Falou que na época da segunda gravidez Beatriz começou a bater nas crianças mais novas. Ainda relatou que após o nascimento do filho, por vários meses, os dois acordavam várias vezes durante a madrugada. Nesse período, também mudaram de casa, e no mês anterior houve a mudança da babá. Além disso, o filho entrou na escola no começo do ano e a filha mudou de colégio. Com isso, teve o período de adaptação escolar, que exigiu a presença dela e a mudança em seus horários. Ela comentou que esse período também havia terminado. Ressaltei que essa estabilidade parecia ser uma experiência nova depois de um desequilíbrio grande com o nascimento dos dois filhos, e ela acrescentou que teria mais tempo para ela.

Aparentemente estimulada por essas mudanças, Melissa disse que gostaria de espaçar as sessões em uma frequência quinzenal para que pudesse ter mais tempo para fazer suas coisas. Confirmei as mudanças e a necessidade de ter tempo para si e concordei com sua sugestão.

15/5/2015
DÉCIMA SÉTIMA SESSÃO: A COMUNICAÇÃO DO IMPASSE DE MELISSA POR MEIO DE UMA EXPERIÊNCIA CONSTITUTIVA

Melissa chegou um pouco atrasada. Contou que sua filha dormiu no carro enquanto voltava do clube e se atrasou para se aprontar para ir à escola. Comentei que achava que ela havia emagrecido. Ela disse que não, que só estava cansada. Contou que estava dormindo mal, pois sua filha voltou a acordar no meio da noite. Na noite passada, ela a chamou duas vezes porque queria ir ao banheiro.

Disse que estava difícil para a filha ficar sozinha na escola e que a professora alertou-a para não ficar arrastando a despedida, porque a menina ficava bem lá. A professora contou que a filha liderava a brincadeira entre os amigos com delicadeza. Fiquei surpresa e ela falou que já sabia. Disse também que a filha parecia agir de maneira insegura só na presença dela. Contou que no balé e na aula de educação física que fazia no clube a filha sempre chorava para entrar. O professor já chegou a perguntar se ela não estava gostando de alguma coisa da aula. Ela não queria participar, até que Melissa saiu de sua vista e ela participou normalmente. Os professores comentaram que deveriam filmar Beatriz para mostrar à mãe como a menina ficava bem nessas aulas quando ela não estava por perto.

Perguntei o que ela achava que a filha sentia e ela disse acreditar que a menina ficava com vergonha. Tentei explicar que vergonha é uma sensação que vem quando achamos que estamos sendo observados por alguém e que talvez ela sentisse que a mãe estava sempre muito atenta a ela. Por isso, era possível que a sugestão da professora fizesse sentido para que ela conseguisse deixar a filha e confiasse em sua capacidade de se virar sozinha. Comentei que também seria bom contar para Beatriz os elogios que ela recebia, como o da professora sobre a capacidade de liderar com delicadeza.

Em seguida, Melissa contou que comprou para a filha alguns livros sobre sentimentos como raiva e tristeza. Ela contou a história de um desses livros, no qual os pais ficam bravos com o personagem, que é um patinho, e ele fica despedaçado. Na ilustração, ele se separa em pedaços e quando os pais pedem desculpas suas partes se juntam novamente. Ela se emocionou. Disse que perguntou à filha se ela se sentia daquela forma, ao que a filha disse que sim. Perguntei o que ela estava sentindo e ela disse que se sentia mal por fazer que Beatriz se sentisse daquela forma. Comentei que ela estava sintonizando com a experiência da filha e aquilo era muito importante, já era um sinal de que a relação delas havia se transformado.

Ela ainda comentou que a filha estava bem com ela de modo geral, mas que parecia que a menina só podia ficar bem com uma única pessoa, porque ela estava sempre brigando com o pai e os avós. Comentei novamente que talvez Beatriz fosse mais reservada, e que era possível que ela precisasse de um tempo para se soltar depois que chegava à casa dos avós. Retomei então a questão do sono e o fato de Beatriz estar acordando todas as noites. Disse que esse acontecimento parecia estar mais em evidência naquele momento. Ela concordou e disse que começou quando a filha foi dormir na casa da avó. Naquela noite, acordou duas vezes e depois não voltou mais a dormir bem. Quando perguntei se fazia mais ou menos um mês que isso havia acontecido, ela disse

que estava perdida no tempo. Comentou que havia planejado muita coisa para aquele ano e nada estava acontecendo
Com essa fala, o tema da sessão foi direcionado para Melissa. Retomei que ela havia comentado que levar os filhos para a escola estava tomando muito seu tempo e que ela iria esperar o próximo ano para se organizar de outra forma e ter mais tempo livre. Ela disse estar sempre com a sensação de que tem muitas coisas para resolver e achando que não deu conta de suas tarefas. Questionei quais eram suas pendências. Ela disse que precisava fazer um planejamento financeiro para decidir se iria pagar o financiamento do apartamento onde moram ou não. Disse que precisava de tempo para resolver questões burocráticas de seu consultório e que necessitava estudar para atender aos seus pacientes. Sugeri que ela precisava pedir ajuda para ter algumas tardes livres. Ela voltou a dizer que ficava irritada com a falta de iniciativa das pessoas e que preferia fazer as coisas por conta própria a ter de pedir. Naquele momento, imaginei que, talvez, ela já tenha sido muito criticada nos momentos em que precisou pedir ajuda e, talvez por isso, antecipasse a raiva que sentiu naquelas ocasiões.

Decidi, então, fazer uma intervenção diferente, porque percebi com mais clareza o que a impedia de pedir ajuda. Comentei que ela tinha muita iniciativa e era muito eficiente. Ela pareceu fazer pouco caso. Disse que não faz nada demais e listei para ela suas responsabilidades. Disse que ela era médica, atendia pacientes com casos difíceis, era mãe de duas crianças, cuidava da casa, era a principal responsável pela educação dos filhos, cuidava do planejamento financeiro do casal, entre outras coisas, e nem todas as pessoas tinham aquela mesma capacidade. Ela pareceu contente. Respondeu que eu precisava falar isso à mãe dela. Comentei que talvez a mãe também tivesse muita iniciativa e ela puxou isso dela, mas que ela tinha de ter consciência de que essa característica dela era muito acima da média das pessoas. Novamente, ela pareceu contente e surpresa com esse comentário. Seu olhar pareceu mais iluminado.

Comentei que ela parecia estar passando por cima de sua sensação de cansaço e dos limites de seu corpo por causa da dificuldade de pedir ajuda. Reforcei que se ela não tentasse suas necessidades poderiam ficar sempre em segundo plano. Ela estava com um olhar perdido, por isso perguntei o que ela estava sentindo. Ela disse que estava pensando "nos milhares de coisas" que gostaria de pedir ao marido, pois ele nunca a ajudava. Acomodou-se novamente na poltrona e contou que pediu para ele trocar a lâmpada da casa três vezes, e que achava que iria ter de resolver sozinha. Disse que tinha a impressão de que o marido não queria que ela voltasse a trabalhar, porque sempre a desestimulava com receio de que as tarefas em relação aos filhos recaíssem sobre ele. E retomou a frase de sua sogra agradecendo-lhe por permitir que o filho pudesse seguir seus sonhos.

Comentei que talvez ela precisasse ter uma conversa com o marido sobre como eles pretendiam dividir as tarefas em relação ao trabalho e aos cuidados com os filhos. Ela comentou que gostaria de trabalhar mais, mas não fazia questão de seguir uma carreira acadêmica, por exemplo. Disse que tinha interesse em fazer um curso de especialização e manter alguns períodos do dia livres para poder ficar com os filhos.

Comentei que se ela tivesse a liberdade para trabalhar e aprender nos momentos em que estivesse com os filhos, ela estaria com uma sensação de satisfação e aproveitaria muito mais. Nesse momento, ela reconheceu que muitas vezes os filhos pediam para brincar com ela, mas ela sentia que não estava inteira na brincadeira e que isso poderia ser diferente.

22/7/2015
VIGÉSIMA SESSÃO: A COMUNICAÇÃO DO IMPASSE DE MELISSA POR MEIO DE UMA EXPERIÊNCIA CONSTITUTIVA

Melissa parecia estar com vontade de vir para a sessão porque teve uma semana difícil. Contou que, na semana anterior, foi viajar para a casa de uma prima e que, apesar de cansativo, foi muito bom, porque Beatriz brincou bastante com as primas. Ela contou que o filho caiu na frente dela e se machucou feio no rosto. Ela se sentiu culpada e ficou perto dele para que ele não se machucasse novamente.

Em seguida, contou que quis levar as crianças ao teatro durante a semana. Quando estava chegando ao shopping, a filha viu uma vaga na rua e ela resolveu parar na vaga em frente ao shopping. Depois do teatro, momento que já havia sido confuso porque o filho não gostou da peça e pediu para sair, Beatriz pediu para ir ao banheiro, enquanto o irmão corria de um lado para o outro. Naquela hora, Melissa contou que perdeu a paciência e senti seu cansaço. Tentei empatizar com sua experiência. Contou que, assim que saiu do shopping, viu que seu carro estava sendo guinchado. Ela conseguiu falar com o agente de trânsito e que ele lhe deu uma "bronca", mas liberou o carro por causa das crianças.

Comentou que a filha falou que a culpa era dela por ter dito para parar naquela vaga e descreveu uma cena bastante caótica, pois ela precisou colocar os filhos no carro enquanto ele ainda estava no caminhão. Tentei explorar as emoções que percebi em sua narrativa. Comentei que aquela semana parecia ter despertado diferentes emoções nela. Ela confirmou. Comentei a cena do banheiro que me marcou, e ela disse que se sentiu frustrada. Depois, falei do sentimento de culpa. Disse-lhe que percebi que ela parecia experimentá-lo com frequência, como na queda do filho e no guinchamento do carro.

Ela pareceu entender esse comentário como uma crítica, pois reagiu defendendo-se, adotando um tom de voz mais agressivo. Enfatizou que não era a culpada por aqueles acontecimentos. Ressaltei que não estava querendo dizer que ela tinha culpa, ao contrário, queria dizer que ela não precisava se sentir daquela forma, pois estava sempre dando seu melhor para os filhos, e enfatizei que ela era uma ótima mãe. Neste momento do processo, pude fazer esse comentário com sinceridade, pois percebia nela uma intenção genuína de agir de forma empática na relação com a filha.

Nessa hora, ela começou a chorar. Falou que seu marido não a ajudava. Disse que ele estava muito cansado, trabalhando muito, e frustrado por não estar conseguindo fazer ginástica. Disse que tinha a sensação de que ele gostaria de chegar em casa e estar tudo calmo. Comentei que, talvez, o incômodo que ele expressava quando havia conflitos com os filhos fosse entendido por ela como uma crítica, como se ela não estivesse fazendo um bom trabalho como mãe.

Ela concordou e também contou sobre a mãe, que disse que ela era "baladeira" por ter saído para jantar com as amigas. Disse que a mãe costumava comentar que o marido precisava descansar porque ele trabalhava, ao mesmo tempo que cobrava que Melissa trabalhasse mais. Disse então que essa cobrança a deixava em uma situação difícil porque, para dar conta dessa expectativa, ela ia permanecer sempre sobrecarregada. Acrescentei que ela parecia estar se cobrando de ter de trabalhar mais e se manter como a principal responsável pela educação dos filhos e pelos cuidados com a casa, e essa era uma sobrecarga grande. Ela pareceu pensativa e disse que a geração de mães atualmente tem liberdade para construir a própria vida e decidir quanto quer se dedicar ao trabalho e aos filhos.

Durante a semana, ela havia me mandado um relatório da escola sobre sua filha e comentou o que estava escrito. Destacou o fato de ele descrever como Beatriz está se relacionando bem com os amigos e se expressando com mais facilidade. Comemorei essas conquistas com ela e enfatizei a importância de sua mudança de atitude com a filha, principalmente o fato de ela estar cada vez mais sintonizada com o que Beatriz sente.

Na porta, quando estávamos nos despedindo, ela parecia mais tranquila e fiquei com a sensação de que a semana caótica foi redimensionada.

20/8/2015
VIGÉSIMA SEGUNDA SESSÃO: A INTERLOCUÇÃO PARA AS EXPERIÊNCIAS DE MELISSA

Antes dessa sessão, Melissa havia me mandado uma mensagem dizendo que não sabia se poderia vir porque estava sem voz. Perguntou se poderia confirmar no dia seguinte e concordei. No dia seguinte, mandou uma nova mensagem, dizendo que sua voz havia voltado, mas que ela tinha levado um tombo e estava com a perna imobilizada. Por isso, não poderia comparecer à sessão. Marcamos então para a semana seguinte e ela veio para essa sessão com a perna imobilizada.

Inicialmente, Melissa descreveu o tombo e o tratamento que precisaria fazer. Disse que teria de ficar imobilizada por várias semanas, o que iria atrapalhar a viagem que faria com o marido. Disse que, mais uma vez, seus planos estavam sendo adiados. Nesse momento, seus olhos se encheram de lágrimas. Surpreendi-me e perguntei o motivo de ela achar aquilo. Ela respondeu que, com a perna imobilizada, não poderia fazer ginástica, nem as coisas de que gosta além do trabalho. Comentou também da dificuldade para se vestir e achar um sapato adequado para calçar por causa da bota.

Tentei resgatar as informações que ela trouxe, dizendo que essa era uma experiência passageira e que, em algumas semanas, ela poderia finalmente ter um dia a dia mais prazeroso. Porém, entendi também a dimensão de seu sofrimento; parecia muito difícil para ela manter uma rotina que tivesse espaço para que suas necessidades fossem vivenciadas.

Melissa também contou sobre o novo trabalho. Disse que, no primeiro dia, houve uma confusão com seus pais, pois eles não tinham seguido a rotina de seus filhos. Ela ficou irritada com o pai. Sua mãe, que sempre desabafa com ela sobre as brigas que tem com o marido, dessa vez o defendeu e disse: "Você é filha, não pode falar assim com seu pai". Essa fala pareceu ter ficado marcada para ela.

Comentei que devia ser difícil se relacionar com sua mãe, porque, na maior parte das vezes, ela se apoiava em Melissa e esperava que a filha agisse como sua confidente. Porém, em alguns momentos, de forma inesperada, parecia que ela esperava que Melissa voltasse a agir como filha. Melissa continuou falando da mãe. Contou que, durante a semana, estava trocando e-mails com ela para decidir onde eles poderiam passar o ano-novo. A mãe não aceitava nenhuma sugestão, achando que era tudo muito caro. Melissa comentou que, por vir de uma família pobre, sua mãe não gosta de gastar dinheiro com lazer. Depois de algumas recusas da mãe, Melissa respondeu por e-mail que não via outra solução a não ser pedir uma casa emprestada ou não viajar. A mãe respondeu, muito contrariada: "Você é o motivo de toda minha infelicidade".

Nesse momento, fiquei sensibilizada. Ao me colocar no lugar de Melissa, imaginei a tristeza, a raiva e a culpa que ela devia sentir. Quando Melissa deixava de agir orientada pelas necessidades da mãe, ela era responsabilizada por sua infelicidade. Pensando nisso, tentei cuidar do sentimento de culpa que Melissa parecia estar comunicando com essa experiência. Disse que ela não havia feito nada de errado, apenas expressado sua opinião de forma assertiva, e que era possível que sua mãe tivesse falado isso de forma impulsiva. Melissa precisava saber que era uma ótima pessoa, uma mãe que buscava fazer sempre o seu melhor, uma profissional comprometida, por isso não tinha como ser motivo de infelicidade para a mãe.

Ela ficou atenta a essa fala e continuou dizendo que a mãe estava havia dias sem falar com ela. Contou que isso era pior do que a briga, que havia sido gerada por um motivo sem importância. Perguntei o que ela estava sentindo enquanto relembrava esse acontecimento e ela respondeu que estava com raiva. Em seguida, falou que todas as noites liga para a mãe, mesmo não querendo, porque sabe que, se não ligar, a mãe vai ficar chateada. Com esse "clima ruim", ela não sabia o que fazer. Se ligasse, a mãe seria grosseira com ela e ela ficaria com raiva. Se não ligasse, ela se sentiria culpada.

Entendi seu sofrimento. Melissa parecia aprisionada nessa relação e impedida de agir espontaneamente. Tentei novamente cuidar de seu sentimento de culpa que parecia dificultar a possibilidade de não ligar para a mãe e, desse modo, agir de forma coerente com a raiva que estava sentindo. Disse que ela parecia precisar de uma distância da mãe, pois estava magoada e irritada. Por isso, se ela deixasse de ligar por alguns dias, ela não estaria fazendo nada de errado, apenas agindo de maneira coerente com o que precisava naquele momento.

A sessão havia passado um pouco do horário e, como ela pareceu mais aliviada, começamos a combinar quando seria a próxima, pois ela iria viajar, e nos despedimos.

7/10/2015
VIGÉSIMA QUARTA SESSÃO: FECHAMENTO DO PROCESSO

Esta foi a última sessão com Melissa. Ela chegou dizendo que achava que não precisava mais vir, pois se sentia mais tranquila em relação ao seu dia a dia. Disse que antes esperava ansiosa pela sessão, e que agora está mais calma. Contou também que Beatriz estava muito melhor. Ela estava feliz com os amigos, foi bem em uma viagem que fez com a escola, estava dormindo a noite inteira e sem as reações intensas que costumava ter. Relatou que, durante uma tarde da semana anterior, o filho arrancou os brinquedos da mão de Beatriz e os jogou no chão. Melissa ficou brava e teve a impressão de que a filha iria "dar um show", porém, dessa vez, a filha não se descontrolou.

Disse que no momento o filho estava dando mais trabalho. Contou que ele vinha jogando os objetos no chão, com raiva, quando era contrariado, além de ficar doente com frequência. Inclusive, no dia da sessão ele havia vomitado a mamadeira de leite que tinha tomado.

Perguntei como ela estava. Ela disse que estava bem, só um pouco cansada. Descreveu seu final de semana. Disse que, como o marido precisou trabalhar no fim de semana, ela saiu com os filhos. No sábado, foi ao clube de manhã e a uma festa à tarde, e no domingo, foi à casa de uma prima. Esperou o final da tarde para ir embora, porque assim as crianças não dormiriam no carro no meio da tarde e o sono deles à noite não ficaria atrapalhado. Disse que, no carro, a filha perguntou se poderia dormir, pois queria saber como a mãe ia fazer para levar os dois filhos para casa no colo quando chegassem em casa. Comentei que, de certa maneira, ela percebia que cuidar de duas crianças era uma tarefa difícil para uma só pessoa dar conta.

Melissa acrescentou que definiu como seria sua rotina durante a semana. Comentou que seguiria dedicando-se ao consultório, e que gostaria de fazer um curso de especialização no próximo ano, mas que pretendia continuar com tempo para se dedicar aos filhos. Disse que queria acompanhá-los nas atividades extras e ter tempo para fazer a lição de casa junto com eles, por exemplo. Comentou que gostava de ficar com os filhos.

Naquele momento, entendi que ela se sentia mais segura na relação com a filha, mas fiquei em dúvida, pensando que poderia ser interessante seguir com o processo por mais um tempo para que o autossuporte que ela vinha constituindo e que lhe permitiu começar a sustentar suas experiências e comunicá-las pudesse ser ampliado. Por isso, tentei perguntar como ela estava se sentindo em relação ao dia a dia, porque ela tinha uma sensação recorrente de que suas necessidades eram constantemente adiadas. Ela respondeu que gostava de ficar em casa com os filhos e que queria continuar tendo tempo para ficar com eles, mas reforçou que pretendia seguir atendendo e fazer o curso de especialização. Como ela pareceu decidida, optei então por narrar suas experiências com a intenção de evidenciar o sentido de sua escolha.

Disse-lhe que tinha a impressão de que poder se dedicar aos filhos e ter o trabalho como uma atividade prazerosa era a expectativa que nutria em relação à sua vida, mas como a relação com Beatriz estava desgastante essa escolha não proporcionava a satisfação que ela buscava. Ela me ouviu com atenção. Comentei também que, quando o doutorado do marido terminasse e os filhos crescessem um pouco mais, ela iria ter cada vez mais tempo para se dedicar ao trabalho e às atividades que lhe davam prazer. Ela concordou, falando que gostava de ficar com eles. Contou ainda que a mãe perguntou se ela ia ter vida de "madame", já que ia trabalhar uma tarde a menos por semana. Ela disse que a mãe não entende o porquê de tempo livre, já que ela tinha uma pessoa que a ajudava em casa.

Falou sobre as viagens que eles vão fazer no final do ano. E aos poucos, tentei fechar o processo. Contei que ela tinha um grande mérito, pois tinha uma intenção genuína de poder apoiar a filha, e essa grande disponibilidade permitiu que ela melhorasse a qualidade da relação com Beatriz. Disse que percebia que ela havia mudado não apenas seguindo orientações ou técnicas, mas que ela parecia mais sensível e afetiva, com mais empatia, o que lhe permitia estar mais em contato com Beatriz, e, talvez por isso, ela se sentia mais segura para pensar em como agir em cada situação. Ela se emocionou, ficou com os olhos marejados. Confirmei também os avanços de Beatriz, citando o relatório da escola que falava sobre sua facilidade de se relacionar com os amigos e de se expressar. Comentei que ela parecia mais aberta para receber os cuidados da mãe. Melissa concordou e disse que percebia que a filha estava mais segura, com mais autonomia e mais receptiva na relação com ela.

Sugeri que caso surgisse alguma necessidade ela poderia voltar a me procurar. Melissa me agradeceu novamente e, quando nos despedimos, ela disse: "Beatriz também agradece!"

ANÁLISE DO PROCESSO DA RELAÇÃO DE MELISSA E BEATRIZ

O PROCESSO TERAPÊUTICO DE UMA RELAÇÃO: A CONSTITUIÇÃO DO AUTOSSUPORTE DO CUIDADOR E A COMUNICAÇÃO DO SOFRIMENTO DA CRIANÇA

Quando comecei a atender crianças, eu entendia que o processo terapêutico implicava sessões com uma frequência específica com a criança, além de sessões de orientação com seus pais, como aconteceu nos casos de Carol e Felipe. Porém, há alguns anos, comecei a ser procurada por pais e mães que expressavam uma expectativa diferente de cuidado em relação a seus filhos. Parecia que a proposta de iniciar um processo terapêutico com a criança não correspondia a seu anseio. A maioria desses pais identificava e verbalizava uma queixa na relação com o filho. Porém, ficava claro, ao final da primeira entrevista, que a expectativa deles não era a de que o filho iniciasse um processo de psicoterapia, mas de que eles próprios pudessem receber um apoio para se sentir mais seguros na relação com a criança.

Essas primeiras experiências foram muito difíceis para mim. Sentia certo estranhamento quando identificava essa expectativa, pois parecia um pedido novo, algo de que eu ainda não tinha referências para atender com segurança. Por isso, as primeiras experiências com esses pedidos não foram muito bem-sucedidas. Minha reação inicial foi tentar enquadrar esses pais em um processo terapêutico tradicional para a criança ou para a mãe. Com o tempo, fui percebendo que esses processos ou não se iniciavam – pois os pais interrompiam o contato por algum motivo após a primeira entrevista – ou eram interrompidos precocemente.

Até que, com o apoio da teoria que eu vinha estudando, finalmente compreendi que talvez essa fosse uma ação em busca de suporte diante da sensação de vazio de referências no contato com o filho. Considerando que esse pode ser um sofrimento que se evidencia como figura na experiência dos pais no contexto da sociedade atual, a busca por suporte parece um movimento saudável, que pode favorecer a possibilidade de o cuidado vir a ser oferecido pelo contato com a singularidade da criança. Quando alcancei essa compreensão, aceitei que uma das funções do psicoterapeuta de crianças, no contexto do mundo contemporâneo, também poderia ser a de oferecer um ponto de apoio que pudesse sustentar a possibilidade de os pais se tornarem heterossuporte para as experiências de seus filhos e, na medida em que essa transformação acontece, a segurança que esses homens e mulheres anseiam no desempenho do papel de cuidador pode ser atendida.

Na época em que Melissa me procurou, eu já havia iniciado essa reflexão. Por esse motivo, quando, ao final da primeira entrevista, percebi que seu pedido não era para que eu atendesse sua filha, mas para que ela pudesse fazer um "acompanhamento", consegui entender o sentido desse pedido e tentei confirmar seu anseio propondo sessões que iriam cuidar da relação com Beatriz.

É importante ressaltar que Beatriz veio em algumas sessões, por iniciativa de Melissa, o que contribuiu para a construção do raciocínio clínico. Talvez por esse motivo, a sessão com Beatriz poderia ter sido proposta no início do processo, o que poderia ter contribuído para que seu sofrimento pudesse ser comunicado ainda nas sessões iniciais.

Além disso, talvez, em um processo semelhante no futuro, seria interessante pedir para que o cuidador respondesse a um questionário de anamnese adaptado para um processo com essa configuração, com perguntas adicionais que poderiam ajudar a identificar também o sofrimento do cuidador, tais como: Quais são as principais lembranças de sua infância? Que falas dos seus pais ficaram mais marcadas? Você se lembra de uma situação que exemplifique essas falas? O que te fazia sofrer nessa época? Que cuidados você recebeu que ficaram marcados em sua memória? Que cuidado você gostaria de ter recebido quando era criança? Tente descrever uma situação específica.

Assim, como é possível que essa seja uma nova maneira de cuidar da criança na clínica, a apresentação e a análise do processo terapêutico da relação de uma mãe com sua filha permitem começar a identificar de que forma esse processo pode acontecer. Além disso, a apresentação desse caso também permite identificar que a intenção de um processo terapêutico de uma relação mãe/pai e filha(a) é a de favorecer a possibilidade de o cuidador vir a sustentar as experiências da criança com autonomia. Para tanto, o suporte para as experiências do cuidador pode contribuir para a constituição de seu autossuporte e, na medida em que o sofrimento da criança é comunicado, a possibilidade de ele(a) se tornar heterossuporte para as experiências do(a) filho(a) se amplia.

A CONSTRUÇÃO DO RACIOCÍNIO CLÍNICO POR MEIO DAS INFORMAÇÕES DO CAMPO E DAS EXPERIÊNCIAS CONSTITUTIVAS COM MELISSA E BEATRIZ

Nesse sentido, com base na experiência de Beatriz que Melissa descreve logo na primeira entrevista, é possível começar a identificar de que forma as experiências da filha em seus ciclos de contato estavam interrompidas. Melissa percebia a necessidade expressa pela criança. Porém, o cuidado oferecido por ela, por algum motivo, não representava o heterossuporte de que Beatriz precisava para concluir seu ciclo de contato:

Melissa exemplificou que, um dia, as duas estavam no parque e a filha estava brincando normalmente, até que disse que queria ir ao banheiro. A mãe ia levá-la ao banheiro do parque, mas a menina disse que não queria ir naquele. Então, Melissa falou que seria melhor irem embora para que Beatriz pudesse ir ao banheiro de casa. Nesse momento, a filha começou a chorar dizendo que queria ficar mais tempo no parque. Melissa contou que ela ficou parada, olhando para o nada, chorando. Beatriz não estava mais brincando, mas também não queria ir nem ao banheiro do parque nem embora para casa.

Essa experiência, aparentemente, traz o relato de um cuidado que poderia atender à necessidade que Beatriz expressava. Ela queria ir ao banheiro e a mãe se propôs a ajudá-la. Porém, o gesto da mãe pareceu não encontrar ressonância na filha e o desequilíbrio no organismo de Beatriz se manteve por um período de tempo prolongado. Por esse motivo, é possível pensar que existia outra experiência, que não era comunicada de forma clara, mas que emergia nessas interações e impedia que o suporte oferecido por Melissa pudesse ser vivido como um cuidado por Beatriz.

No sentido de ampliar a construção dessa hipótese, por meio da empatia com a experiência de Beatriz, é possível perceber que, impedida de se sustentar no apoio ambiental, a necessidade expressa em seus ciclos de contato paralisava-a e ela passava a viver uma experiência de impasse. Essa experiência corresponde à ideia oferecida pela a definição de impasse proposta por Perls (1977, p. 50). Segundo o autor, o impasse é "o ponto onde o apoio ambiental ou o obsoleto apoio externo não é mais suficiente, e o autoapoio autêntico ainda não foi obtido".

Ao longo das sessões, foi possível ampliar essa reflexão ao entender que a necessidade de pedir ajuda ou de buscar o apoio de outra pessoa para sustentar suas próprias experiências em seus ciclos de contato era vivenciada por Melissa como uma experiência que a irritava, como se pode ver nos relatos a seguir:

Ela disse que já pensou em contratar uma babá para dormir em sua casa, mas que se irrita em ter de pedir que as pessoas façam as coisas. Disse que gostaria que seu marido adivinhasse o que ela queria que ele fizesse. Falou que quando ela tem de pedir algo fica irritada e prefere fazer sozinha, por conta própria.

Sugeri que ela precisava pedir ajuda para ter algumas tardes livres. Ela voltou a dizer que ficava irritada com a falta de iniciativa das pessoas e que preferia fazer as coisas por conta própria a ter de pedir.

Na ausência de suporte para suas próprias necessidades, parece que Melissa fez um ajustamento criativo e se retraiu do contato.

Como a filha, ao menos até esse momento, não havia feito o mesmo ajustamento criativo diante do impasse que enfrentava, o comprometimento na plasticidade da fronteira de contato de Melissa impedia que ela pudesse agir com espontaneidade e de forma afetiva no momento em que a filha expressava uma necessidade. A irritação de Melissa possivelmente era expressa por meio de seu tom de voz ou de sua fisionomia no momento de oferecer um cuidado para Beatriz. Nesse sentido, o cuidado oferecido por Melissa parecia ser contaminado por sua irritação. Assim, a afetividade necessária para a criança assimilar a ação do cuidador como um cuidado no contato estava impedida de ser expressa pelo impasse que Melissa enfrentava em seu próprio processo de desenvolvimento.

Ao longo do processo, foi possível identificar que, além do comprometimento na plasticidade de sua fronteira de contato, a precariedade de seu autossuporte e, portanto, o impasse que enfrentava em seu processo de desenvolvimento também a levaram a realizar outro ajustamento criativo ao longo do tempo. Melissa parece haver introjetado valores, crenças e cobranças, as quais, até o início do processo terapêutico, pareciam ocupar o lugar de seu autossuporte, uma vez que, de certo modo, a ajudavam a nortear e definir suas ações.

Na cena a seguir, evidencia-se como a introjeção de valores relacionados à vaidade na infância, por exemplo, levou Melissa a reagir de forma agressiva no contato com a filha.

Melissa contou, então, sobre uma festa a que foram e onde a filha sumiu com algumas amigas. Disse que quando a achou percebeu que ela estava maquiada. Melissa imitou a forma como falou com a filha e a bronca que deu na monitora que fez a maquiagem. [...] Ela ficou bem alterada enquanto se lembrava desse acontecimento [...]. Ela disse, também, que quando chegaram em casa tirou a maquiagem da menina, que ficou perguntando se ela estava brava.

Outra introjeção que parecia nortear as reações de Melissa com os filhos era a crença de que eles precisavam ser obedientes. Melissa também reagia de forma agressiva quando as crianças não correspondiam a essa introjeção, principalmente quando essa cobrança era reforçada pelo marido, que chegava em casa cansado do trabalho e parecia incomodado com o comportamento das crianças. Ou por sua mãe, nas situações em que a menina não cumprimentava os avós, quando elas iam à casa deles. A agressividade nos momentos em que a filha agia de forma diferente de suas introjeções também parecia ser uma reação, que revelava a ausência de referências de como agir no contato com o diferente, pela precariedade de seu autossuporte e pelo ajustamento criativo, que realizou diante do impasse que enfrentava.

Além disso, também foi possível compreender que a ausência de suporte para suas necessidades comprometia a possibilidade de Melissa identificar o que era importante para ela e agir no sentido de atender suas necessidades. Nesse contexto, possivelmente a precariedade de seu autossuporte também era vivenciada como uma sensação de vazio, expressa de forma recorrente quando Melissa constatava que suas necessidades eram constantemente deixadas em segundo plano em seu dia a dia.

A partir dessa compreensão, pode-se identificar que, ao oferecer suporte para as necessidades de Melissa, ela poderia comunicar suas experiências e, assim, assimilar um fundo de experiências que lhe permitisse constituir seu autossuporte. Com o suporte para suas experiências, era possível que ela pudesse se desprender dos ajustamentos criativos que precisou realizar, o que poderia favorecer a possibilidade de Melissa agir de forma espontânea e afetiva na relação com a filha.

A importância de favorecer a afetividade na relação de Melissa com Beatriz foi confirmada pelo seguinte relato, que revela o cuidado pelo qual Beatriz ansiava:

Compartilhei com ela minha compreensão sobre o impasse que a filha enfrentava quando percebia que precisava dos cuidados de outra pessoa. Sugeri que, nessas horas, ela poderia agir de uma maneira nova, para surpreendê-la. Disse que ela poderia responder a essas situações de impasse com carinho, abraçando e beijando a filha e questionando o que poderia fazer para que ela se sentisse melhor (voltar para casa ou tirar a malha, por exemplo).

Essa orientação parece ter feito sentido para Melissa, porque ela contou que um dia estava observando uma brincadeira de Beatriz, em que ela estava interpretando um personagem que fazia coisas erradas. Nessa hora, a mãe perguntou o que a boneca precisava para que ela pudesse se comportar melhor e fazer as coisas certas. Segundo Melissa, a filha respondeu: "Um beijinho". Nesse momento, nós duas ficamos com os olhos marejados.

Apesar de estar atenta ao anseio de Beatriz, o impasse que enfrentava em seu processo de desenvolvimento e os ajustamentos criativos que precisou realizar impediam a ação afetiva e provocavam reações agressivas de Melissa no contato com a filha. Beatriz, nesse contexto que se repetiu ao longo do tempo, era invadida pela irritação de Melissa e, ao que tudo indica, sentia medo. O contato recorrente com o medo era expresso pela criança quando ela se recusava a ir à escola, dizendo que sentia medo do lobo, por exemplo.

A hipótese sobre o contato constante com o medo pôde ser reforçada na sessão em que Beatriz participou. Com os cuidados que representam o heterossuporte, Beatriz pôde comunicar o medo do contato (sair da casa), pois ao fazer isso existia o risco de um ataque (a presença do lobo perto da casa):

Ela se interessou pela cola, colou os palitos e disse que iria fazer a casa dos três porquinhos. Começou a colar umas etiquetas em cima dos palitos. Perguntei para que serviam as etiquetas e ela respondeu que elas iriam deixar a casa mais resistente para não ser derrubada pelo lobo. **Disse que o lobo não conseguiu derrubar a casa e tentou entrar pela chaminé, mas foi queimado e morreu. Ela pediu que eu fizesse dois porquinhos dentro da casa. Ela disse que eram duas meninas e desenhou quatro portas. Retomei a história. Comentei que o lobo tinha tentado derrubar a casa e não conseguiu. Por isso, tentou entrar pela chaminé e foi queimado. Perguntei se os porquinhos estavam mais tranquilos porque o lobo não estava mais por perto. Ela disse que as portas da casa estavam abertas, mas elas não podiam sair porque tinha outro lobo atrás da árvore.**

Assim, de modo coerente com o que explica Siegel (2012), quando os pais assumem uma postura agressiva, que amedronta a criança, o medo que o(a) filho(a) sente nessa relação pode levar à paralisia, uma vez que, no momento em que surge uma necessidade no organismo da criança, a pessoa que iria oferecer o cuidado para que ela pudesse realizar o processo de autorregulação é a mesma que promove o contato com o medo. Beatriz parecia reagir dessa forma. No contato com suas necessidades, a presença de sua mãe, que seria a pessoa que poderia ajudá-la a realizar seu processo de autorregulação, a amedrontava. Nesse contexto, Beatriz ficava paralisada, revelando o medo que vivenciava, além da impossibilidade de confiar nas pessoas que cuidavam dela.

Ainda com a intenção de ampliar a compreensão do sofrimento de Beatriz, é importante considerar também a explicação de Cozolino (2006) sobre a relação entre as experiências constitutivas, denominadas pelo autor experiências intersubjetivas, e o processo de autorregulação. Com as experiências constitutivas impedidas, é possível pensar que Beatriz não usufruiu da vivência de sucessivas passagens de um estado de desregulação para a retomada do equilíbrio em seu organismo. Com a possibilidade de realizar processos de autorregulação comprometida, suas sensações eram vividas de forma prolongada e intensa, o que dificultava que ela conseguisse se acalmar ou retomar a sensação de bem-estar no contato com uma necessidade.

Além disso, também podemos supor que, sem suporte para expressar suas necessidades de maneira espontânea, Beatriz estava começando a introjetar uma maneira de se relacionar nas interações com a mãe que começava a ser reproduzida de forma indiscriminada e rígida na relação com os amigos mais próximos. A introjeção de uma maneira rígida de se relacionar fazia que Beatriz oscilasse entre duas posturas polares. Ora ela assumia um lugar de submissão, ora uma postura de autoritarismo.

Ela contou que a melhor amiga de Beatriz foi à sua casa naquela semana. Ela ficou observando que a menina puxava sua filha de forma agressiva para fazer o que ela queria e, quando a filha dizia não, falava que queria ir embora, ou que não ia mais ser amiga dela. Comentei que, se ela percebeu que essas atitudes incomodavam a filha, ela poderia conversar com ela. Melissa me interrompeu dizendo que a filha "não é santa". Disse que ela já tinha feito o mesmo com essa amiga e que também costumava provocar outras crianças em outras situações.

É possível pensar que essa maneira cristalizada de se relacionar indicasse que as introjeções, de modo semelhante ao que acontecia com Melissa, estavam começando a ocupar o lugar de seu autossuporte, que estava impedido de ser constituído pela precariedade de suporte.

A dificuldade que Melissa enfrentava para se apresentar como heterossuporte às necessidades que Beatriz expressava pode, portanto, ter provocado diferentes reações na filha (o medo, a desregulação emocional e a maneira rígida de se relacionar), as quais chamavam sua atenção. Preocupada com essas reações, e sem entender o sentido desses comportamentos, Melissa começou a direcionar sua atenção e energia para a filha, em especial para seus comportamentos que, de seu ponto de vista, expressavam sua fragilidade, a vulnerabilidade e a inadequação. Essa atenção, que, na vivência da filha, possivelmente, parecia ser uma atenção excessiva e invasiva, pode ter provocado em Beatriz uma sensação de exposição, característica do contato com a vergonha, na medida em que a menina percebia que suas fragilidades estavam sob constante vigilância da mãe.

Além disso, segundo Lee (2011), quando a criança anseia pelo contato, e o cuidador, por algum motivo, não consegue sustentá-lo, ela precisa recuar, retrair seu movimento, e essa experiência é vivida pela criança como vergonha. A criança que sente vergonha, portanto, entende que fez algo inadequado, quando, na verdade, essa sensação revela a dificuldade de empatia das pessoas que fazem parte do campo.

Nessa dinâmica, portanto, para ajudar Melissa e, de forma indireta, possibilitar que Beatriz pudesse contar com o apoio da mãe para sustentar suas necessidades em seus ciclos de contato de forma afetiva, seria necessário oferecer o suporte necessário para que Melissa pudesse entrar em contato com suas necessidades e comunicar suas experiências. Com um autossuporte constituído, é possível que Melissa pudesse vir a se relacionar de maneira mais flexível e afetiva com a filha, o que seria fundamental para ela pudesse oferecer os cuidados que representam o heterossuporte na relação com Beatriz.

Para tanto, parece que seria importante também comunicar para Melissa a experiência de Beatriz, o que poderia favorecer a empatia de Melissa com o sofrimento da filha.

O MANEJO TERAPÊUTICO: O PROCESSO DE CONSTITUIÇÃO DO AUTOSSUPORTE DE MELISSA E A COMUNICAÇÃO DO SOFRIMENTO DE BEATRIZ

Para oferecer suporte às experiências de Melissa, era preciso identificá-las. Para tanto, assim como nos processos terapêuticos de Felipe e Carol, a atenção aos movimentos interrompidos poderia ser o cuidado que iria favorecer o início da comunicação com Melissa. A impressão que o contato com ela transmitia, em um primeiro momento, era de que Melissa esperava que seu interlocutor fosse capaz de saber o que ela estava pensando, conforme ela própria verbalizou em uma sessão ao longo do processo. Essa expectativa ficava clara na forma de seu discurso, uma vez que expressava suas opiniões e julgamentos sem descrever os acontecimentos que haviam provocado essas reações. Assim, a atenção aos movimentos interrompidos de Melissa revelou de que forma seu ciclo de contato era interrompido, permitindo identificar que a retração em sua fronteira de contato a impedia de expressar suas necessidades.

Nessas situações, era pedido para que Melissa narrasse exemplos que pudessem ilustrar as situações às quais estava se referindo. A narrativa de um acontecimento favorecia a empatia com sua experiência, já que, dessa forma, era possível identificar as sensações que os acontecimentos poderiam despertar ao compartilhar suas experiências. Além disso, era possível oferecer-lhe referências de como agir nas situações descritas. Com o tempo, Melissa começou a descrever os acontecimentos por conta própria, o que facilitou o processo.

Com a nova habilidade que desenvolveu para comunicar os acontecimentos, Melissa passou a oscilar, dentro de um ritmo que se estabeleceu naturalmente nas sessões, entre a descrição das experiências de Beatriz e a descrição de suas próprias experiências. A descrição de suas experiências singulares favoreceu a empatia com sua irritação, que emergia diante da necessidade de cuidado que Beatriz expressava. Foi possível compreender de forma empática o sofrimento singular de Melissa diante da precariedade de suporte e de relações caracterizadas por constantes críticas e cobranças.

Nesse contexto, a necessidade de suporte para suas necessidades pôde, por repetidas vezes, ter-lhe proporcionado uma experiência de vergonha. Assim, na medida em que a empatia com a experiência de Melissa se estabeleceu, foi possível supor que, diante do anseio por suporte, Melissa, em contato com a vergonha, se retraía do contato.[12]

A sensibilidade de Melissa, no momento em que a palavra "culpa" foi associada à sua experiência, ajudou a confirmar essa hipótese. Esse desencontro, descrito no trecho a seguir, permitiu identificar a necessidade de um cuidado que não se restringisse à confirmação da sensação que ela parecia experimentar.

Depois, falei do sentimento de culpa. Disse-lhe que percebi que ela parecia experimentá-lo com frequência, como na queda do filho e no guinchamento do carro. Ela pareceu entender esse comentário como uma crítica, pois reagiu defendendo-se, adotando um tom de voz mais agressivo. Enfatizou que não era a culpada por aqueles acontecimentos. Ressaltei que não estava querendo dizer que ela tinha culpa, ao contrário, queria dizer que ela não precisava se sentir daquela forma, pois estava sempre dando seu melhor para os filhos, e enfatizei que ela era uma ótima mãe. Neste momento do processo, pude fazer esse comentário com sinceridade, pois percebia nela uma intenção genuína de agir de forma empática na relação com a filha. Nessa hora, ela começou a chorar.

A identificação da experiência de Melissa não precisava, portanto, ser verbalizada para ela. Porém, essa era uma constatação importante que permitiu identificar o cuidado que Melissa parecia esperar por meio da empatia. Nesse sentido, parecia que o reconhecimento genuíno de sua capacidade e do esforço que ela vinha realizando ao longo dos anos para ser uma boa pessoa e uma boa mãe poderia representar um cuidado para a culpa que ela vivenciava. E, talvez, a partir do suporte (a empatia, a possibilidade de identificar e nomear suas sensações e o cuidado que

---

12. A vergonha, nesse contexto, também é compreendida de modo semelhante à proposta de Lee (2011). O autor explica que essa emoção corresponde à necessidade de retração do contato.

atendeu a necessidade expressa), seu sofrimento pôde ser comunicado e, possivelmente, a retração provocada pela vergonha se tornou gradualmente menos rígida.

Em outra sessão, também foi possível oferecer o cuidado para a vergonha e a culpa que Melissa experimentava: o reconhecimento de sua capacidade e de seu esforço.

Comentei que ela tinha muita iniciativa e era muito eficiente. Ela pareceu fazer pouco caso. Disse que não faz nada demais e listei para ela suas responsabilidades. Disse que ela era médica, atendia pacientes com casos difíceis, era mãe de duas crianças, cuidava da casa, era a principal responsável pela educação dos filhos, cuidava do planejamento financeiro do casal, entre outras coisas, e nem todas as pessoas tinham aquela mesma capacidade. Ela pareceu contente. Respondeu que eu precisava falar isso à mãe dela. Comentei que talvez a mãe também tivesse muita iniciativa e ela puxou isso dela, mas que ela tinha de ter consciência de que essa característica dela era muito acima da média das pessoas. Novamente, ela pareceu contente e surpresa com esse comentário. Seu olhar pareceu mais iluminado.

O suporte oferecido, possivelmente, favoreceu a restauração da plasticidade de sua fronteira de contato, já que a comunicação que estava impedida passou a se estabelecer. Ao mesmo tempo, o suporte pode ter representado a vivência de experiências constitutivas, as quais também possibilitaram o início do processo de constituição de seu autossuporte para que sua maneira de se relacionar se tornasse menos rígida e mais afetiva e espontânea.

Em uma sessão posterior às experiências constitutivas, Melissa pareceu comunicar com mais autonomia as emoções que vivenciava na relação com sua mãe, o que evidenciava que sua fronteira de contato parecia ter conquistado uma maior plasticidade e que as introjeções começavam a ser discriminadas. Desse modo, o suporte oferecido para a experiência de Melissa também foi transformado. Os cuidados que sustentavam a comunicação de seu sofrimento cederam espaço para a interlocução das experiências que ela comunicava.

Quando Melissa contou que sua mãe agiu de forma pouco empática e inadequada na relação com ela, fica evidente que o autossuporte que Melissa constituiu permitiu-lhe comunicar sua experiência e, desse modo, diferenciar-se da sensação de inadequação que passou a ser identificada como uma característica do campo – nesse caso, de sua mãe. Nesse momento, o cuidado oferecido, apesar de também ter a intenção de "absolver" Melissa da sensação de culpa, exerce uma função distinta da exercida nas experiências constitutivas. Deixa de representar o suporte para a comunicação de seu sofrimento e passa a oferecer interlocução, que, nesse caso, representou a confirmação da diferenciação que ela havia alcançado. O diálogo, nesse momento, deixa a dimensão constitutiva e passa para a dimensão dialógica. O relato a seguir ilustra o diálogo na dimensão dialógica, na qual Melissa comunica sua experiência com autonomia e eu passo a ocupar o lugar de interlocutora de sua experiência.

Contou que, durante a semana, estava trocando e-mails com ela para decidir onde eles poderiam passar o ano-novo. [...] Depois de algumas recusas da mãe, Melissa respondeu por e-mail que não via outra solução a não ser pedir uma casa emprestada ou não viajar. A mãe respondeu, muito contrariada: "Você é o motivo de toda minha infelicidade". [...] Tentei cuidar do sentimento de culpa que Melissa parecia estar comunicando com essa experiência. Disse que ela não havia feito nada de errado, apenas expressado sua opinião de forma assertiva.

Assim, de maneira coerente com as ideias de Frank (2001), a constituição do autossuporte, por meio das experiências constitutivas, permitiu que Melissa assimilasse uma maneira mais flexível e afetiva de se relacionar, o que se evidenciou no contato com sua filha, conforme será detalhado mais adiante.

Além disso, a constituição do autossuporte também permitiu que Melissa definisse de que maneira gostaria de exercer a maternidade. Ao final do processo, ela pôde expressar o desejo de continuar trabalhando, mas de preservar períodos do dia livres para acompanhar as crianças em suas atividades.

É possível pensar que, nesse momento, ela já havia se distanciado o suficiente das introjeções, o que lhe permitiu identificar as críticas em relação à sua decisão como uma cobrança feita por sua mãe, as quais não necessariamente precisavam ser reproduzidas de forma indiscriminada por ela.

Melissa acrescentou que definiu como seria sua rotina durante a semana. Comentou que seguiria dedicando-se ao consultório, e que gostaria de fazer um curso de especialização no próximo ano, mas que pretendia continuar com tempo para se dedicar aos filhos. Disse que queria acompanhá-los nas atividades extras e ter tempo para fazer a lição de casa junto com eles, por exemplo. Comentou que gostava de ficar com os filhos. [...] Contou ainda que a mãe perguntou se ela ia ter vida de "madame", já que ia trabalhar uma tarde a menos por semana. Ela disse que a mãe não entende o porquê de tempo livre, já que ela tinha uma pessoa que a ajudava em casa.

Ao longo do processo, portanto, ficou evidente que o impasse de Melissa em seu processo de desenvolvimento promovia uma grande sobrecarga para seu organismo na medida em que as introjeções a levavam a cumprir inúmeras exigências que ela se impunha (como ser a principal responsável pela educação das crianças e pelos cuidados da casa, e ainda se dedicar tanto quanto o marido à sua vida profissional). Melissa parece ter tentado percorrer todos esses caminhos simultaneamente, o que pode ter gerado sucessivos desequilíbrios em seu organismo em uma dimensão fisiológica[13]. Tal impasse foi superado no momento em que seu sofrimento encontrou suporte para ser comunicado em experiências constitutivas, que podem ter contribuído para o início do processo de constituição do autossuporte de Melissa

Em paralelo, conforme o processo de constituição do autossuporte de Melissa se iniciava, as descrições que ela compartilhava sobre sua relação com Beatriz, bem como a experiência constitutiva vivida com a criança, permitiram que a experiência da filha pudesse ser comunicada para Melissa. Desse modo, com a constituição do autossuporte de Melissa e com a revelação do sofrimento de Beatriz, era possível que Melissa pudesse vir a oferecer suporte para as experiências da filha.

É importante destacar que o cuidado de comunicar as experiências de Beatriz para Melissa enfrentou algumas dificuldades. Nesse processo, para que o sofrimento de Beatriz pudesse ser compreendido empaticamente, minha atenção e empatia estavam voltadas prioritariamente, durante pelo menos a primeira metade do processo, a Beatriz. A atenção e a empatia se direcionaram para Melissa em um segundo momento, quando as experiências constitutivas puderam acontecer.

A oscilação da empatia para compreender dois sofrimentos distintos talvez seja um movimento difícil de ser realizado mesmo que se esteja *aware* de sua importância. Por esse motivo, poderia ser importante identificar o sofrimento singular enfrentado pela criança logo nas primeiras sessões do processo, para que esse possa ser comunicado com clareza e segurança ao mesmo

---

[13]. É possível pensar que o cansaço que Melissa experimentava – e que era constantemente ignorado para que ela pudesse corresponder às exigências introjetadas – provocava um desequilíbrio fisiológico em seu organismo, evidenciado pelos seus adoecimentos constantes. Outro sentido possível para a asma e os adoecimentos recorrentes poderia ser a precariedade do autossuporte para sustentar a expressão de suas necessidades, as quais, sem a possibilidade de ser comunicadas, eram expressas no corpo. Essas hipóteses sobre as dinâmicas que levam à expressão somática das necessidades poderiam ser mais bem investigadas e exploradas em estudos futuros.

tempo que a empatia e a atenção da psicoterapeuta se voltam para a experiência da mãe.

De qualquer maneira, é importante também ressaltar que a comunicação das necessidades de Beatriz para Melissa, conforme eram compreendidas empaticamente ao longo do processo, foi feita com o cuidado de não entrar em confronto com as emoções que Melissa expressava nessas ocasiões. A precariedade do autossuporte de Melissa, bem como os ajustamentos criativos que ela realizou diante do impasse que enfrentava, exigia uma gradação na forma como a experiência de Beatriz seria comunicada. Por isso o cuidado recorrente no sentido de tentar comunicar as experiências de Beatriz, sem estender o confronto com Melissa a ponto de desgastar a relação terapêutica. Esse cuidado, bem como alguns dos momentos em que a necessidade de Beatriz é comunicada, podem ser observados nos trechos a seguir.

No dia seguinte, a filha lhe disse que estava triste e começou a rir. Melissa achou que Beatriz estava "manipulando" a situação. Tentei esclarecer que a necessidade de afeto é real e talvez a filha estivesse comunicando que tinha gostado do carinho que recebera no dia anterior e que queria mais.

Em seguida, contou-me da bronca que deu na filha. Disse que Beatriz pediu desculpas, mas ela respondeu que estava muito chateada. Eu, colocando-me novamente no lugar de Beatriz, perguntei se ela não poderia ter aceitado as desculpas da menina. [...] Como percebi que já havia expressado um ponto de vista diferente e que me estender no confronto poderia desgastar nossa relação, decidi recuar e dizer que entendia o sentido do que ela havia feito para que pudéssemos mudar de assunto.

É importante destacar que o contato com o medo enfrentado por Beatriz talvez pudesse ter sido comunicado para Melissa com o cuidado da gradação. Porém, a compreensão sobre essa dimensão do sofrimento de Beatriz somente foi alcançada no momento da análise desse caso. Essa constatação reforça a recomendação de se buscar compreender o sofrimento singular da criança logo no início do processo terapêutico.

Desse modo, de um lado o autossuporte de Melissa começou a ser constituído, o que amenizava a irritação que ela expressava diante da necessidade de suporte que a filha expressava e favorecia a possibilidade de se relacionar de maneira mais afetiva. De outro lado, as experiências de Beatriz eram sustentadas e comunicadas para Melissa, o que pode ter contribuído para a empatia da mãe com elas.

Ela contou a história de um desses livros, no qual os pais ficam bravos com o personagem, que é um patinho, e ele fica despedaçado. Na ilustração, ele se separa em pedaços e quando os pais pedem desculpas suas partes se juntam novamente. Ela se emocionou. Disse que perguntou à filha se ela se sentia daquela forma, ao que a filha disse que sim. Perguntei o que ela estava sentindo e ela disse que se sentia mal por fazer que Beatriz se sentisse daquela forma. Comentei que ela estava sintonizando com a experiência da filha e aquilo era muito importante, já era um sinal de que a relação delas havia se transformado.

O FECHAMENTO DO PROCESSO

Com a nova possibilidade de Melissa se relacionar com Beatriz de forma afetiva, ela começou a se apresentar como suporte para as necessidades da filha e, desse modo, o impasse que a menina enfrentava em seu processo de desenvolvimento parecia estar sendo superado gradualmente.

Essa constatação se evidenciava nos relatos que Melissa trazia sobre as novas conquistas de Beatriz. Segundo ela, a filha estava se expressando com mais facilidade. Além disso, os episódios em que Beatriz chorava intensamente e por um período de tempo prolongado não aconteciam mais e ela estava se relacionando com tranquilidade com os amigos da escola. Todas essas conquistas também foram confirmadas pelo relatório escolar.

Desse modo, parece que o processo terapêutico dessa relação incluiu a comunicação do sofrimento de Beatriz, mas, principalmente, a oferta de cuidados que permitiram a comunicação do sofrimento singular de Melissa em experiências constitutivas, as quais também favoreceram o início da constituição de seu autossuporte. Assim, com esses cuidados, a empatia de Melissa com as experiências da filha aconteceu naturalmente e ela pôde exercer a função de suporte para as necessidades da filha, o que permitiu a Beatriz atravessar o impasse que enfrentava em seu processo de desenvolvimento.

Além disso, é importante notar que, nesse caso, tanto Beatriz quanto Melissa enfrentavam um impasse, vivido de forma singular, em seus processos de desenvolvimento. Desse modo, seria interessante verificar, em um processo com uma configuração semelhante, se o comprometimento na possibilidade de sustentar as necessidades da criança evidencia um impasse no processo de desenvolvimento do cuidador ou apenas a falta de referências para agir no contato com a criança. É possível que, em outros casos em que o autossuporte dos pais esteja constituído e a figura do processo seja apenas a falta de referências, o processo venha a se concentrar na comunicação da experiência singular da criança.

Além disso, com a possibilidade de Melissa vir a sustentar as experiências da filha em seus ciclos de contato, é possível pensar que a maneira de se relacionar, que, ao que tudo indica, era transgeracional reproduzida por meio de introjeções, foi transformada e atualizada. Conforme Melissa conseguia oferecer suporte às necessidades de Beatriz de maneira afetiva, é possível que, cada vez mais, a singularidade, tanto da mãe quanto da filha, pudesse se evidenciar e se diferenciar do campo.

5.
Discussão

Segundo Perls (1975; 1977; 1988), o impasse representa uma experiência na qual a criança não pode contar com suporte. Por algum motivo, o heterossuporte não está disponível ou não atende à sua necessidade e seu autossuporte ainda não sustenta sua experiência. O impasse da criança é vivido como um sofrimento singular, assim como a forma como cada uma expressa ou se ajusta criativamente a ele.

Nesse contexto, o impasse da criança se sobrepõe e interrompe o contato. Em um primeiro momento, portanto, o psicoterapeuta se relaciona com o ajustamento criativo que a criança realizou diante do impasse que enfrenta e, com os cuidados que representam o heterossuporte, sustenta a constituição do autossuporte da criança. Esses cuidados, aos poucos, permitem que suas necessidades encontrem suporte para ser expressas e vividas na relação com o psicoterapeuta.

Desse modo, a partir da compreensão do sintoma da criança como um ajustamento criativo realizado diante do impasse enfrentado em seu processo de desenvolvimento em razão da precariedade de suporte, evidencia-se um fundo teórico, o qual contribui para a construção do raciocínio clínico e a definição do manejo terapêutico nos processos em que são necessários cuidados constitutivos do *self*. Na análise dos casos apresentados, foi possível identificar que, com a oferta dos cuidados que representam o heterossuporte para suas necessidades, a criança comunica o sentido do ajustamento criativo que realizou e do sofrimento singular que vivencia diante do impasse. A partir desse diálogo, que favorece a compreensão da experiência da criança ou do cuidador, o manejo terapêutico pode ser definido.

Assim, o raciocínio clínico é construído com a intenção de oferecer suporte para as necessidades da criança na relação terapêutica, além de ajudar os pais a se transformar em heterossuporte para que a criança atravesse o impasse que enfrenta e siga com seu processo de desenvolvimento, sem a necessidade do apoio do psicoterapeuta.

Por isso, para que o suporte se mantenha presente para a criança em seu dia a dia, a análise dos casos apresentados demonstrou a importância de realizar sessões de orientação temporárias com os pais, até que eles próprios possam vir a sustentar o processo de desenvolvimento dos seus filhos com autonomia.

Assim como os pais só se tornam capazes de exercer a função de heterossuporte para a criança uma vez que podem se apoiar em seu autossuporte para empatizar com a experiência da criança e agir afetivamente na relação com ela, o autossuporte do psicoterapeuta também sustenta a oferta dos cuidados que representam o heterossuporte para as necessidades da criança, além de evitar que as sensações vividas no contato com a criança ou com seus pais provoquem reações sem *awareness*, as quais poderiam, com o tempo, levar a um gradual desinvestimento na relação; ou a uma irritação crescente, o que comprometeria também a oferta dos cuidados que representam o heterossuporte para as crianças e seus pais.

Assim, a análise dos casos apresentados neste trabalho permitiu descrever como são vividas *experiências constitutivas* com as crianças, que favoreçem a constituição de seu autossuporte e a comunicação de seu sofrimento singular. É importante ressaltar que, com sucessivas *experiências constitutivas*, o autossuporte das crianças foi constituído e o processo de constituição do *self,* concretizado. Nesses processos, ficou evidente que em um primeiro momento foi necessário ocupar o lugar de suporte para que as necessidades das crianças pudessem ser vividas em seus ciclos de contato, e gradualmente foi possível participar das experiências das crianças como interlocutora, o que possibilitou o uso do método da ampliação da *awareness*.

HETEROSSUPORTE: OS CUIDADOS QUE SUSTENTAM AS EXPERIÊNCIAS CONSTITUTIVAS

Considerando o processo de contato (Perls, Hefferline e Goodman, 1997) e o ciclo de contato de Zinker (2007), nos casos em que a criança enfrenta um impasse em seu desenvolvimento, ela não encontra suporte para identificar o que sente, tampouco para agir no sentido de atender à sua necessidade, o que faz que suas experiências sejam constantemente interrompidas antes de comunicar um sentido. Nesse contexto, o diálogo entre duas subjetividades ainda não é possível, por isso ele acontece na dimensão constitutiva, em que o psicoterapeuta se apresenta como suporte para a necessidade da criança, até que sua experiência seja vivida e o sentido do que foi vivido possa ser comunicado.

Os cuidados que representam o heterossuporte e sustentaram as experiências constitutivas das crianças em seu processo de desenvolvimento foram identificados a partir da articulação teórica entre as explicações de Siegel (2012) sobre os neurônios-espelho e o circuito de ressonância, e as ideias sobre a função materna no ciclo de contato com o bebê apresentadas por Ajzenberg *et al.* (1995; 1998). Eles constituem a possibilidade de compartilhar a sensação expressa pela criança, de nomeá-la e de oferecer um cuidado que atenda a necessidade identificada, além da diminuição do senso de urgência e da interlocução.

É importante explicitar que os cuidados descritos no processo de desenvolvimento representam o fundo teórico que descreve o processo de desenvolvimento sem interrupções. Porém, diante da ausência de suporte e da necessidade da criança de realizar um ajustamento criativo nesse contexto, faz-se necessário, além de sustentar as necessidades da criança, compreender o sentido do ajustamento criativo que ela realizou. Por esse motivo, a atenção aos movimentos interrompidos é um cuidado recorrente na relação terapêutica que não foi identificado na articulação teórica.

Além de favorecer a compreensão do ajustamento criativo que a criança realizou na ausência de suporte, a atenção aos seus movimentos interrompidos permite identificar o momento em que a necessidade da criança começa a ser expressa, o que acontece quando ela encontra uma atividade ou um brinquedo que desperta seu interesse. Nesse momento, por meio da empatia e da ação afetiva, é possível participar da brincadeira com a intenção de sustentar a expressão da necessidade da criança, até que sua experiência seja concluída. Além da intenção de manter a experiência da criança em movimento, na medida em que o sofrimento singular da criança se evidencia ao longo das sessões, a ação afetiva também pode representar a oferta para a criança do cuidado que atende à sua necessidade, na própria experiência.

Ao longo do diálogo constitutivo, outro cuidado que pareceu oferecer suporte para a expressão da necessidade da criança foi a narrativa da experiência vivida. Independentemente do momento em que ela foi descrita, parece que sua função foi a de contribuir para ampliar tanto minha compreensão quanto a da própria criança sobre o sofrimento que era comunicado.

Assim, o suporte para a expressão das necessidades possibilitou que, mediante sucessivos encontros constitutivos, a criança pudesse vir a se constituir como um Eu e se relacionar usando as palavras-princípios propostas por Buber (2006), Eu-Tu e Eu-Isso, na dimensão do inter-humano, a qual, segundo Hycner (1995), é a dimensão em que duas subjetividades se manifestam. No inter-humano, portanto, a criança passa a reconhecer o outro como alteridade, o que transforma a qualidade da relação e do diálogo.

Conforme o diálogo passou a se estabelecer na dimensão do inter-humano, as crianças prescindiram, gradualmente, do heterossuporte para expressar suas necessidades em seus ciclos de contato e puderam comunicar suas experiências com autonomia, o que me levava a ocupar o lugar de interlocutora e não mais de suporte na relação.

É possível então afirmar que o método da ampliação da *awareness* pode ser utilizado na medida em que o autossuporte da criança é constituído e o psicoterapeuta passa a se relacionar, de forma predominante, como interlocutor das experiências que ela comunica com autonomia, ou, ainda, na medida em que o diálogo com a criança deixa de acontecer de forma predominante na dimensão constitutiva e passa a se estabelecer na dimensão do inter-humano (Hycner, 1995).

Além disso, as *experiências constitutivas* vividas com heterossuporte contribuíram também para a construção do raciocínio clínico e a definição do manejo terapêutico dos processos aqui apresentados, pois comunicam o sofrimento singular da criança diante do impasse em seu desenvolvimento e o ajustamento criativo que realizou para lidar com a precariedade de suporte para suas necessidades.

A CONSTRUÇÃO DO RACIOCÍNIO CLÍNICO E A DEFINIÇÃO DO MANEJO TERAPÊUTICO

Os cuidados que representam o heterossuporte para as experiências constitutivas da criança permitem identificar de que forma a criança expressa ou reage ao impasse que vivencia e o sofrimento singular que enfrenta nesse contexto. Além do heterossuporte, as informações do campo fornecidas nas sessões com os pais, bem como na anamnese, são importantes, pois elas representam o fundo a partir do qual o sofrimento, diante do impasse que a criança expressa nas *experiências constitutivas*, se apresenta como figura e pode ser compreendido pela empatia do psicoterapeuta.

A teoria sobre os cuidados constitutivos do *self*, bem como sobre o sofrimento relacionado à ausência de autossuporte, que foi construída a partir da articulação das ideias dos autores contemporâneos da Gestalt-terapia com os autores das neurociências, também contribui para a compreensão empática, tanto do ajustamento criativo que a criança realiza quanto do sofrimento singular que ela vivencia (Lee, 2011; Ajzenberg *et al.*, 1998; Wheeler, 2003; Siegel, 2007; Cozolino, 2006; Shore, 2003; Frank, 2001; Spagnuolo Lobb, 2013).

Conforme a compreensão empática do sofrimento da criança se evidencia, o manejo terapêutico pode ser definido com a intenção de ajudá-la a atravessar o sofrimento provocado pelo impasse que enfrenta. Orientado pelo raciocínio clínico, é possível se apropriar da qualidade das intervenções que precisam ser realizadas e atualizá-las sempre que necessário, na relação tanto com a criança quanto com seus pais.

OS CUIDADOS OFERECIDOS PARA OS PAIS NAS SESSÕES DE ORIENTAÇÃO

Cornejo (2003) propõe que as sessões de orientação com os pais aconteçam com uma frequência preestabelecida, enquanto Bove (2010), Antony (2010) e Aguiar (2014) realizam as sessões de orientação de acordo com a demanda do processo. Entretanto, a proposta deste trabalho se aproxima da de Cornejo (2003). A participação dos pais no processo terapêutico da criança é importante para que a qualidade da relação entre pais e filhos também possa ser transformada e, desse modo, o desenvolvimento da criança possa vir a ser sustentado pelos próprios pais, na medida em que o impasse que ela enfrenta é ultrapassado.

De acordo com a análise dos casos apresentados neste trabalho, foi possível evidenciar que ajudar os pais a exercer a função de heterossuporte para a expressão da necessidade nos ciclos de contato do seu filho é o propósito que norteia as intervenções realizadas nas sessões de orientação. Para tanto, em alguns casos será necessário sustentar a constituição – ou a ampliação – do autossuporte dos pais oferecendo heterossuporte para suas necessidades na medida em que forem expressas nas sessões de orientação. Nessas sessões, o heterossuporte para a constituição do autossuporte do pai ou da mãe foi oferecido a partir dos seguintes cuidados: a possibilidade de compartilhar a sensação expressa, de nomeá-la e de oferecer um cuidado que atenda à necessidade identificada.

Neste trabalho, os casos em que a oferta de cuidados para a constituição ou ampliação do autossuporte dos pais representou a figura das sessões de orientação constituíram aqueles nos quais as mães foram atendidas individualmente. Essa definição aconteceu de forma espontânea, mas é possível que tal configuração tenha contribuído para que elas usufruíssem do espaço necessário para expressar suas necessidades e, assim, recebessem o suporte de que precisavam para suas experiências.

Também foi possível identificar que, em algumas situações, os pais podem precisar de interlocução para suas experiências a fim de que possam integrar seus sofrimentos singulares em seu autossuporte. A partir da interlocução, é possível que o autossuporte dos pais seja ampliado e eles integrem novos recursos para sustentar o contato da criança com um sofrimento semelhante.

Além disso, outro cuidado que foi identificado nas sessões de orientação com os pais e que pode ter ajudado na mediação de sua comunicação com a criança foi a descrição da experiência singular da criança. Ao evidenciar seu sofrimento, é possível que o olhar dos pais para a experiência de seu(sua) filho(a) seja facilitado, o que favorece a empatia. Porém, nas dinâmicas nas quais a confluência ou a introjeção[14] se configura como a maneira de se relacionar predominante, é importante destacar que a gradação na forma como essa comunicação acontece torna-se um cuidado importante para que os pais não se sintam invadidos ou

---

14. Tanto a confluência quanto as introjeções (nos casos em que estas parecem ocupar o lugar do autossuporte do cuidador) são fatores que podem comprometer a empatia dos pais com a experiência da criança: a confluência, pela invasão do sofrimento do cuidador na experiência da criança, e a introjeção, pela ausência afetiva que compromete o suporte para a experiência do(a) filho(a).

ameaçados pelo contato com a alteridade, representada pela experiência da criança.

Desse modo, é possível afirmar que as sessões de orientação com os pais não pretendem oferecer regras ou impor um diagnóstico à criança, mas representam uma oportunidade para eles receberem cuidados que lhes permitam se tornar suporte para as necessidades de seu(sua) filho(a). Quando o encontro acontece, é provável que o desenvolvimento da criança possa vir a ser sustentado por eles no seu dia a dia e, portanto, a psicoterapia possa ser encerrada.

Além disso, esse trabalho também propõe uma forma de cuidar da relação com o filho a partir de sessões que transcorrem predominantemente com a mãe (como no caso de Melissa). Essa proposta foi apresentada, pois parece poder atender à sensação de vazio decorrente da ausência de referências, característica do mundo contemporâneo, apontada por Santos (2000). Nesse contexto, a busca pelo apoio do psicoterapeuta de crianças pode representar um movimento saudável dos pais que precisam de suporte para orientar os cuidados a partir do contato com elas.

A análise desse processo terapêutico permitiu identificar que a dificuldade de Melissa de se apresentar como heterossuporte para as experiências de Beatriz revelava um impasse que Melissa também enfrentava e que precisava ser cuidado. Seria interessante verificar, em novos estudos, se processos com essa configuração apresentam sempre a necessidade de cuidar do impasse do cuidador, ou se podem representar apenas a busca do cuidador por interlocução para integrar novas referências para agir na relação com o(a) filho(a) em seu autossuporte.

Além disso, nos processos com essa configuração, o psicoterapeuta precisa exercitar a oscilação da empatia para compreender dois sofrimentos distintos: o dos pais e o da criança. Quando esse movimento acontece, o processo terapêutico da relação do cuidador com a criança pode representar uma possibilidade de a mãe ou o pai apropriar-se de suas experiências, além de evidenciar a experiência da criança. E assim, com a diferenciação alcançada no processo terapêutico, o desenvolvimento, tanto da mãe quanto da criança, pode ser retomado.

Para tanto, a análise desse processo sugeriu algumas adaptações para facilitar a oscilação da empatia entre o sofrimento da mãe e o da filha, como a proposta de utilizar instrumentos mediadores para favorecer a comunicação do sofrimento da criança, para que esse pudesse ser evidenciado no início do processo e, assim, a atenção do psicoterapeuta se concentrasse na experiência do cuidador. Ou então, de realizar as sessões com a criança logo no início do processo. Porém, todas essas possibilidades precisariam ser avaliadas para que se concluísse se tais adaptações seriam, de fato, necessárias.

O AUTOSSUPORTE DO PSICOTERAPEUTA

A *awareness* das sensações despertadas pelos ajustamentos criativos realizados pelas crianças e seus pais, diante do impasse que enfrentavam ou nas *experiências constitutivas*, permitiu que essas pudessem ser identificadas e integradas em minha experiência. Desse modo, o cuidado que atendia à necessidade das crianças e dos seus pais pôde ser oferecido a partir de uma ação afetiva e não reativa.

É importante destacar que, para tanto, as supervisões, orientações e a psicoterapia exerceram um papel fundamental na apropriação desse movimento. Porém, também foi possível identificar que o registro sistemático das sessões favoreceu a identificação das sensações vivenciadas. Além disso, o registro das sessões permitiu que as sensações vividas, no contato com as crianças e seus pais, pudessem ser compreendidas como uma expressão da necessidade do outro, na medida em que a sequência de experiências significativas podia ser retomada a todo momento.

Portanto, fica evidente que esse movimento (identificar a sensação despertada no contato com a criança ou com os pais, conter a reação automática e usar essa experiência para identificar o cuidado que atende a necessidade expressa) precisa estar integrado no autossuporte do psicoterapeuta para que, desse modo, se torne um recurso do qual ele(a) tenha se apropriado.

Nesse sentido, evidenciam-se novas referências para a formação de Gestalt-terapeutas de crianças. É possível afirmar que orientá-los a registrar as sessões de forma sistemática, além da oferta de suporte para que ele(a) se torne capaz de identificar as sensações que o ajustamento criativo ou as *experiências constitutivas* podem lhe despertar para que, a partir dessa experiência, seja possível refletir e identificar a necessidade que a criança expressa e o cuidado de que ela precisa, constitui uma referência de cuidado, que o próprio profissional precisa receber em suas supervisões ou em sua formação.

As reflexões recorrentes necessárias no contato com as diferentes sensações despertadas nas experiências com a criança e seus cuidadores promovem sucessivas experiências de diferenciação (a sensação identificada revela uma necessidade do outro) e contato (um cuidado é oferecido para atender à necessidade do outro). Com isso, a partir da apropriação desse movimento, o Gestalt-terapeuta torna-se capaz de se diferenciar, cada vez mais, não só do sofrimento de seus pacientes, o que possibilita a oferta de cuidado, como também o das pessoas com quem convive, o que favorece o encontro com sua singularidade e o desenvolvimento de sua capacidade de oferecer respostas empáticas para as pessoas com quem convive.

Quando o psicoterapeuta se apropria desse movimento, é possível afirmar que ele se torna capaz de oferecer suporte não só para as crianças que atende, mas também para outras relações de seu dia a dia, ampliando, dessa forma, a qualidade do contato das pessoas que ele atende e também do campo no qual está inserido.

6.
Considerações finais

O OBJETIVO DESTE LIVRO foi apresentar e discutir os cuidados que antecedem o manejo terapêutico tradicionalmente proposto pela Gestalt-terapia na clínica de crianças e que sustentam o processo de constituição do *self*. Para tanto, foram analisados três processos terapêuticos que permitiram identificar os cuidados que sustentaram a constituição do autossuporte, até que a criança, ou seu cuidador, pudesse vir a expressar suas necessidades com autonomia, o que tornou possível a utilização do método de ampliação de *awareness*.

Os cuidados que representam o heterossuporte para as necessidades das crianças na relação terapêutica e que favoreceram o processo de constituição de seu autossuporte foram denominados *atenção aos movimentos interrompidos, empatia, ação afetiva* e *narrativa*. A oferta desses cuidados sustentou a expressão das necessidades das crianças até que elas pudessem viver *experiências constitutivas* e, aos poucos, ultrapassar o impasse que vivenciavam em seu processo de desenvolvimento.

As *experiências constitutivas* vividas com as crianças e também com seus cuidadores, junto com as informações do campo, com o suporte teórico e meu próprio autossuporte, permitiram identificar o sentido do ajustamento criativo realizado diante do sofrimento singular que o impasse no desenvolvimento, vivido pela precariedade do suporte, provocava neles. Esse trabalho evidenciou, portanto, que é por meio do diálogo constitutivo com a criança, ou com seu cuidador, que o raciocínio clínico pode ser construído e o manejo terapêutico do processo, nas sessões tanto com as crianças quanto com seus pais, pode ser definido.

Nesse sentido, esse trabalho também revelou que as sessões de orientação com os pais assumem uma função essencial no processo de psicoterapia da criança. A intenção dessas sessões é ajudá-los a constituir ou ampliar seu autossuporte, além de evidenciar a experiência da criança para que eles possam vir a exercer a função de heterossuporte na relação com seu(sua) filho(a). Os cuidados oferecidos nas sessões de orientação com os pais foram identificados como: *heterossuporte para as suas necessidades, interlocução para suas experiências* e *descrição da experiência da criança*.

Sendo assim, conforme a criança constitui seu autossuporte e os pais passam a se apresentar como heterossuporte para as necessidades de seu(sua) filho(a) ou interlocutores de sua experiência, é possível pensar que os cuidados oferecidos pelo psicoterapeuta possam ser prescindidos e a terapia, encerrada.

Além disso, este trabalho oferece uma referência de um processo terapêutico com uma nova configuração: a mãe foi atendida para que ela recebesse os cuidados que sustentaram o processo de constituição de seu autossuporte e, aos poucos, pudesse exercer a função de heterossuporte para as necessidades da filha. Ao que tudo indica, os processos com essa configuração podem ser realizados quando se identifica a existência de um movimento do pai ou da mãe em busca de sair da sensação de vazio de referências e encontrar apoio para vir a se relacionar com seu(sua) filho(a) a partir do contato com ele(a).

E, por fim, é importante destacar que os cuidados que representam o heterossuporte para as necessidades da criança e dos pais só podem ser concretizados e oferecidos na relação terapêutica na medida em que o psicoterapeuta pode se sustentar em seu próprio autossuporte. O autossuporte do psicoterapeuta lhe permite identificar as sensações despertadas pelo ajustamento criativo que a criança realiza diante do impasse ou pelas experiências constitutivas vividas com ela, refletir sobre seu sentido e agir para atender à necessidade que ela expressa. Sem a possibilidade de identificar que a sensação foi despertada pelo outro, e sem a reflexão para identificar qual necessidade o outro comunica, as ações do psicoterapeuta podem deixar de ser afetivas para atender à necessidade identificada e se tornar reativas à sensação vivida, o que irá manter a criança isolada no impasse que enfrenta.

A promoção da *awareness* das sensações despertadas nas experiências constitutivas com a criança e seus cuidadores, assim como a compreensão da necessidade do outro a partir do contato, pode ser facilitada por meio do registro sistemático das sessões. Além disso, esse movimento pode representar uma referência de cuidados que o próprio Gestalt-terapeuta de criança precisa receber em suas supervisões e nos cursos de formação.

É importante destacar que, quando o Gestalt-terapeuta integra em seu autossuporte a possibilidade de identificar a sensação despertada pela necessidade não verbalizada do outro e pode agir de forma afetiva para atender à sua necessidade, esse movimento não irá se restringir às suas relações terapêuticas, podendo ser vivido em outras relações, o que amplia a vocação ética do Gestalt-terapeuta de crianças, já que ele(a) não irá melhorar apenas a qualidade das experiências das crianças e dos pais que atende, mas também das pessoas com quem se relaciona no campo no qual está inserido.

Assim, provou-se a tese de que existe, em alguns casos, a necessidade de oferecer cuidados anteriores ao manejo tradicionalmente proposto pela Gestalt-terapia, identificando e discutindo os cuidados constitutivos do *self* e explicitando que estes se concretizam na medida em que se sustentam no autossuporte do Gestalt-terapeuta. Conforme o autossuporte da criança é constituído, o método da ampliação da awareness é necessário para oferecer interlocução a ela e ajudá-la, assim, a prosseguir com seu processo de desenvolvimento até que seus pais possam assimilar os recursos necessários para ocupar o lugar de interlocutor na relação.

Com isso, este trabalho evidenciou também a necessidade de cuidar do campo da criança, uma vez que sua precariedade levou ao lugar de impasse em seu desenvolvimento. Assim, oferecer cuidados na sessão de orientação para que os pais possam constituir ou ampliar seu autossuporte e vir a exercer a função de heterossuporte para as necessidades da criança revela-se como um manejo que contribui para preservar e ampliar a constituição do autossuporte da criança, mesmo após o encerramento da terapia.

Referências bibliográficas

AGUIAR, L. *Gestalt-terapia com crianças – Teoria e prática*. São Paulo: Summus, 2014.

ANTONY, S. "Um caminho terapêutico na clínica gestáltica com crianças". In: ANTONY, S. *A clínica gestáltica com crianças – Caminhos de crescimento*. São Paulo: Summus, 2010, p. 177-200.

ANTONY, S. *Gestalt-terapia: cuidando de crianças – Teoria e arte*. Curitiba: Juruá, 2012.

AJZENBERG, T. C. P. *et al*. "Reflexões sobre o desenvolvimento da criança segundo a perspectiva da Gestalt–terapia". *Revista de Gestalt*, n. 4, São Paulo, 1995, p. 87-92.

AJZENBERG, T. C. P. *et al*. "A gênese da construção da identidade e da expansão de fronteiras na criança". *Revista de Gestalt*, n. 7, São Paulo, 1998, p. 43-48.

AJZENBERG, T. C. P. *et al*. "Figuras de apego: matriz dos vínculos afetivos". *Revista de Gestalt*, n. 9, São Paulo, 2000, p. 17-23.

BOVE, M. "A família como parceira no atendimento Gestáltico infantil". *A clinica gestáltica com crianças: caminhos de crescimento*. São Paulo: Summus, 2010.

BOTTON, A. *Status anxiety*. Nova York: Pantheon books, 2004.

BUBER, M. *Eu e Tu*. São Paulo: Centauro editora, 2006.

CARDELLA. B. H. P. *A construção de um psicoterapeuta – Uma abordagem gestáltica*. São Paulo: Summus, 2002.

_____. "Ajustamento criativo e hierarquia de valores ou necessidades". In: FRAZÃO, L.; FUKUMITSU, K. *Gestalt-terapia: conceitos fundamentais*. São Paulo. Summus, 2014, p. 104-30.

CARROLL, F.; OAKLANDER, V. "Gestalt play therapy". In: O´CONNER, K.; BRAVERMAN, L. *Play therapy: theory and practice*. Nova York: Jhon Wiley and Sons, 1997, p. 184-202.

CORNEJO, L. *Manual de terapia infantil gestáltica*. Bilbao: Desclee de Brouwer, 2003.

COZOLINO, L. *The neuroscience of human relationship – Attachment and the developing of social brain*. Nova York: Norton & Company, 2006.

DIAS, E. O. *A teoria do amadurecimento de D. W. Winnicott*. São Paulo: Imago, 2003.
ENGELMANN, A. "A psicologia da Gestalt e a ciência empírica contemporânea". *Psicologia: Teoria e Pesquisa*, Brasília, v. 18, n. 1, jan.-abr. 2002, p. 1-16.
ESPER, E. M. B. *Relações de gênero e o trabalho profissional realizado por homens e mulheres no espaço doméstico – Reflexos na instrumentalidade e expressividade, na saúde e qualidade de vida*. São Paulo: PUC-SP, 2008.
FORM, I.; MILLER, M. "Introdução". In: PERLS, F.; HEFFERLINE, R.; GOODMAN, P. *Gestalt-terapia*. São Paulo: Summus, 1997, p. 17-29.
FRANK, R. *Body of awareness: a somatic and developmental approach to psychotherapy*. Orleans: GestaltPress, 2001.
FRANK, R.; LA BARRE, F. *The first year and the rest of your life: movement, development and psychotherapeutic change*. Nova York: Routledge, 2011.
FUKUMITSU, K. "O método fenomenológico em pesquisa gestáltica". In: FRAZÃO, L.; FUKUMITSU, K. *Gestalt-terapia – Fundamentos epistemológicos e influencias filosóficas*. São Paulo: Summus, 2013, p. 34-58.
GALLESE, V. et al. "Action recognition in the premotor cortex". *Brain*, v. 199, 1996, p. 396-403.
GIAMI, A. "Pesquisa em psicologia clínica ou pesquisa clínica". In: GIAMI, A.; PLAZA, M. *Os procedimentos clínicos nas ciências humanas: documentos, métodos e problemas*. São Paulo: Casa do Psicólogo, 2004.
GOLDSTEIN, K. *The organism*. Nova York: Zone Books, 1995, p. 422.
HINTZ, H. "Novos tempos, novas famílias? Da modernidade à pós-modernidade". *Pensando famílias*, v. 3, 2001, p. 8-19.
HYCNER, R. *De pessoa a pessoa*. São Paulo: Summus, 1995.
HYCNER, R.; JACOBS, L. *Relação e cura em Gestalt-terapia*. São Paulo: Summus, 1997.
IACOBINI, M. et al. "Neural mechanisms of empathy in humans: a relay from neural systems for imitation to limbic areas". *Proceedings of the National Academy of Sciences*, v. 100, n. 9, 2003, p. 5497-502.
KOFFKA, K. *Princípios de psicologia da Gestalt*. São Paulo: Cultrix, 1975.
KÖHLER, W. *Psicologia da Gestalt*. Belo Horizonte: Itatiaia, 1968.
LAMPERT, R. *A child´s eye view: Gestalt therapy with children, adolescents and their families*. Gouldsboro: The Gestalt Journal Press, 2003.
LEE, R. G. "Shame and belonging in childhood: the interaction between relationship and neurobiological development in the early years of life". In: LEE, R. G.; HARRIS, N. *Relational child, relational brain: development and therapy in childhood and adolescence*. Nova York: GestaltPress, 2011, p. 55-74.
LEWIN, K. *Teoria de campo em ciência social*. São Paulo: Livraria Pioneira, 1965.
____. *Princípios da psicologia topológica*. São Paulo: Cultrix, 1973.
____. *Teoria dinâmica da personalidade*. São Paulo: Cultrix, 1975.
LIMA, P. "A Gestalt-terapia holística, organísmica e ecológica". In: FRAZÃO, L.; FUKUMITSU, K. *Gestalt-terapia – Fundamentos epistemológicos e influências filosóficas*. São Paulo: Summus, 2013, p. 145-56.

McConville, M. "Relational modes and the evolving field of parent-child contact: a contribution to a Gestalt Theory of development". In: Lee, R. G.; Harris, N. *Relational child, relational brain: development and therapy in childhood and adolescence*. Nova York: GestaltPress, 2011, p. 175-95.

Merleau-Ponty, M. *Fenomenologia da percepção*. São Paulo: Martins Fontes, 1996.

Oaklander, V. *Descobrindo crianças*. São Paulo: Summus, 1978.

_____. *Hidden treasure: a map to the child's inner self*. Londres: Karnac, 2006.

Parlett, M. "Reflections on field theory". *The British Gestalt Journal*, v. 1, 1991, p. 68-91.

Perls, F. S. *Isto é Gestalt*. São Paulo: Summus, 1975.

_____. *Gestalt-terapia explicada*. São Paulo: Summus, 1977.

_____. *Escarafunchando Fritz – Dentro e fora da lata do lixo*. São Paulo: Summus, 1979.

_____. *A abordagem gestáltica e a testemunha ocular da terapia*. Rio de Janeiro: LTC, 1988.

_____. *Ego, fome e agressão – Uma revisão da teoria e do método de Freud*. São Paulo: Summus, 2002.

Perls, F.; Hefferline, R.; Goodman P. *Gestalt-terapia*. São Paulo: Summus, 1997.

Polster, E.; Polster M. *Gestalt-terapia integrada*. São Paulo: Summus, 2001.

Poppa, C. "O processo de crescimento em Gestalt-terapia: um diálogo com a teoria do amadurecimento de D. W. Winnicott". *Revista de Gestalt*, v. 18, São Paulo, 2013, p. 61-71.

Rehfeld, A. "Fenomenologia e Gestalt-terapia". In: Frazão, L.; Fukumitsu, K. *Gestalt-terapia – Fundamentos epistemológicos e influências filosóficas*. São Paulo: Summus, 2013, p. 24-34.

Rey, F. *Pesquisa qualitativa e subjetividade*. São Paulo: Pioneira Thompson Learning, 2005.

Robine, J. M. *O self desdobrado – Perspectiva de campo em Gestalt-terapia*. São Paulo: Summus, 2006.

Salomão, S.; Frazao, L.; Fukumitsu, K. "Fronteiras de contato". In: Frazão, L. Fukumitsu, K. *Gestalt-terapia: conceitos fundamentais*. São Paulo: Summus, 2014, p. 47-63.

Santos, J. F. *Coleção primeiros passos: o que é o pós-modernismo*. São Paulo: Brasiliense, 2000.

Shore, A. *Affect dysregulation and disorders of the self*. Nova York: Norton and Company, 2003.

Siegel, D. *The mindful brain: reflection and attunment in the cultiving of well-being*. Nova York: Norton and Company, 2007.

_____. "Attachment and mindfullness: paths of the developing brain". In: Lee, R. G.; Harris, N. *Relational child, relational brain: development and therapy in childhood and adolescence*. Nova York: GestaltPress, 2011, p. 77-119.

_____. *The developing mind: how relationships and the brain interact to shape who we are*. Nova York: The Gilford Press, 2012.

SPAGNUOLO LOBB, M. *The Next-for-next in Psychotherapy: Gestalt therapy recounted in post-modern society*. Milão: FrancoAngeli, 2013.

TÁVORA, C. B. "Self". In: D'ACRI, G.; LIMA, P.; ORGLER, S. *Dicionário de Gestalt--terapia: Gestaltês*. São Paulo: Summus, 2007, p. 193-95.

____. "Self e suas funções". in: FRAZÃO, L.; FUKUMITSU, K. *Gestalt-terapia – Fundamentos epistemológicos e influências filosóficas*. São Paulo: Summus, 2014, p. 63-87.

TELLEGEN, T. A. *Gestalt e grupos – Uma perspectiva sistêmica*. São Paulo: Summus, 1984.

TERVO, D. "Zig zag flop and roll: creating embodied field for healing and awareness when working with children". In: LEE, R. G.; HARRIS, N. *Relational child, relational brain: development and therapy in childhood and adolescence*. Nova York: GestaltPress, 2011, p. 199-226.

TOFFLER, A. *Future shock*. Nova York: Battan Book, 1999.

VAITSMAN, J. *Flexíveis e plurais: identidade, casamento e família em circunstâncias pós-modernas*. Rio de Janeiro: Rocco, 1994.

VILLAÇA, M. "A contemporaneidade e seu impacto nas relações familiares". *Revista IGT na Rede*, v. 6, n. 10, 2009, p. 2-13.

WERTHEIMER, M. *The productive thinking*. Nova York: Harpers and Brothers, 1945.

WHEELER, G. "Towards a Gestalt developmental model". *British Gestalt Journal*, v. 7, n. 2, 1998, p. 115-25.

____. "The developing field: toward a gestalt developing model". In: MCCONVILLE, M.; WHEELER, G. *The heart of development: Gestalt approaches to work with children, adolescents and their world*. v. 1. Cambridge: Gestalt Press, 2002, p. 37-84.

____. "Contact and creativity: the Gestalt cycle in context". In: SPAGNUOLO LOBB, M.; AMENDT LYON, N. *Creative license: the art of Gestalt Therapy*. Nova York: Springer – Verlag Wien, 2003, p. 163-78.

WINNICOTT, D. W. *O brincar e a realidade*. Rio de Janeiro: Imago, 1975.

____. *Natureza humana*. Rio de Janeiro: Imago, 1988.

____. *Da pediatria a psicanálise*. Rio de Janeiro: Imago, 2000.

____. *O ambiente e os processos de maturação*. Porto Alegre: Artmed, 2007.

____. *Tudo começa em casa*. São Paulo: Martins Fontes, 2011.

YONTEF, G. M. *Processo, diálogo e awareness – Ensaios em Gestalt-terapia*. São Paulo: Summus, 1998.

ZANELLA, R. "A criança que chega até nós". In: ANTONY, S. *A clínica gestáltica com crianças – Caminhos de crescimento*. São Paulo. Summus, 2010, p. 109--22.

ZINKER, J. *O processo criativo em Gestalt-terapia*. São Paulo: Summus, 2007.

ZUBEN, N. A. V. "Introdução". In: BUBER. M. *Eu e Tu*. São Paulo: Centauro, 2006, p. 7-49.

www.gruposummus.com.br

IMPRESSO NA
sumago gráfica editorial ltda
rua itauna, 789   vila maria
02111-031   são paulo   sp
tel e fax 11 **2955 5636**
sumago@sumago.com.br